Das
Low-Calorie
Kochbuch

LAURA HERRING

Das Low-Calorie Kochbuch

**Köstliche, kalorienarme
und sättigende Rezepte
für die 5 : 2-Diät**

at VERLAG

Inhalt

Die 5:2-Diät

Hinweise zu den Rezepten

150 KCAL Diese Kalorienangaben beziehen sich jeweils auf **1 Portion** bzw. 1 Stück.

≤150 KCAL Im Fall von Rezeptvariationen bezeichnet die Kalorienangabe in der Kopfzeile die **maximale** Kalorienzahl für das Gericht; sie kann je nach Variante auch darunter liegen.

10 Bei unterschiedlichen Rezeptvariationen sind die jeweiligen Abweichungen mit individuellen Kalorienangaben versehen.

+10 Zusätzliche Kalorien für optionale Extras werden separat mit einem Plus-Zeichen ausgewiesen.

Einführung

Die 5:2-Diät ist genau die richtige Diät für alle, die Essen lieben: Es werden keine Lebensmittelgruppen verbannt, und die meiste Zeit, nämlich an fünf Tagen der Woche, kann man seinen normalen Essgewohnheiten nachgehen – Sie können sich also am Freitagnachmittag ruhig ein Stück Kuchen genehmigen oder am Samstag Vormittag einen Käsetoast genießen. Und Sie stehen beim Arbeitsessen oder der Geburtstagsparty der Freundin nicht als Spielverderberin da, die all die köstlichen Häppchen und das Glas Champagner verschmäht. Diese Diät fügt sich nahtlos in Ihr Leben ein, anstatt Ihr Leben zu kontrollieren.

Und wie funktioniert das? An fünf Tagen pro Woche essen Sie ganz normal – und an den restlichen zwei Tagen reduzieren Sie die Kalorienzufuhr auf 20 Prozent der Menge, die Sie gewöhnlich zu sich nehmen. Das ist alles. Diese Diät ist viel weniger stumpfsinnig und restriktiv als alle anderen Diäten, weil man nicht tagtäglich Kalorien zählen muss – deshalb ist sie auch viel leichter durchzuhalten und führt zum Erfolg. Da es sich nur um zwei Fastentage pro Woche handelt, kann man sich mit dem Gedanken »Morgen darf ich wieder essen, was ich will!« auch gut über den einen oder anderen Durchhänger am Nachmittag retten. Und mit der Zeit gewöhnt man sich an diesen Rhythmus. Gar nicht schlecht für eine Diät!

Sie können also an fünf Tagen tatsächlich essen, was Sie möchten – dennoch müssen sich die Mengen natürlich in einem Rahmen halten, der Ihrem Geschlecht, Ihrem Alter, Ihrem Aktivitätslevel und Ihrem aktuellen Gewicht angemessen ist.

Wie viele Kalorien brauche ich? In Abhängigkeit von Ihrem Lebensstil gibt es hier ein wenig Spielraum. Die durchschnittliche Empfehlung für die Fastentage beläuft sich auf etwa 500 Kalorien pro Tag für Frauen und 600 Kalorien pro Tag für Männer. Diese Zahlen basieren auf rund 2000 Tageskalorien für

Frauen und 2500 Tageskalorien für Männer bei normaler Ernährung. Es handelt sich dabei um Durchschnittswerte. Wenn Sie größer, kleiner, träger, agiler, leichter oder schwerer als der Durchschnitt sind, empfiehlt es sich, mithilfe einem der vielen Online-Kalorienrechner exakte Kalorienmengen zu ermitteln.

Was darf ich essen? Sie können an Ihren kalorienreduzierten Tagen – theoretisch – alles essen, was Sie möchten. Aber natürlich ist es sinnvoll, an den Fastentagen auf kalorienarme Zutaten zu setzen, um damit weiter zu kommen, anstatt die maximale Kalorienmenge schon um 9 Uhr morgens mit einem üppigen Frühstück zu verbraten. Viele kalorienreduzierte Diäten empfehlen Zutaten, die nur mit Mühe über den Hunger retten – und bevor Sie sich versehen, knabbern Sie ein Reisbrot nach dem anderen. Wenn man nur eine bestimmte Kalorienmenge zu sich nehmen darf, sollte man jede einzelne Kilokalorie auch wirklich genießen. Und genau hier setzen die Rezepte dieses Buches an.

Was zeichnet die Rezepte in diesem Buch aus? Es sind kalorienkontrollierte Varianten jener Gerichte, die wir Tag für Tag gerne essen. Und jede einzelne Kalorie muss sich wirklich anstrengen und etwas ganz Besonderes bieten, um sich den Weg auf Ihren Teller zu verdienen. Die Rezepte verwenden viele kalorienarme Aroma-Powerpakete wie Kräuter und Gewürze; sie legen Wert auf ausgewogene Texturen und Aromen, damit die Gerichte köstlich schmecken und wirklich sättigen – und man nicht das Gefühl hat, »auf Diät« zu sein. Das ist die Idee! Die Gerichte sind zudem so konzipiert, dass man sie, serviert mit einer einfachen Beilage wie Reis oder Brot, auch ohne Weiteres der Familie, dem Partner oder wem auch immer auftischen kann. Außerdem sorgen sie für reichlich Vitamine und Mineralstoffe, die bei diversen Low-Carb-Ernährungsformen oft zu kurz kommen. Sie ernähren sich also selbst an den Fastentagen rundum gut – eben nur kalorienreduziert.

Wann mache ich die Fastentage? Die meisten Menschen legen die beiden Fastentage nicht direkt hintereinander. Für mich sind Montag und Donnerstag optimal: Weit genug auseinander, um nicht allzu sehr zu leiden (denn es ist immer ein »normaler« Tag in Sicht) und so verteilt, dass weder das Wochenende noch dieser höchst gefährliche Tag in der Wochenmitte

betroffen ist. Doch Sie können die Fastentage letztlich so bestimmen, wie es am besten in Ihren Terminkalender passt. Wenn Sie an Ihrem eigentlich geplanten Fastentag spontan ausgehen möchten oder zum Essen eingeladen sind, verschieben Sie ihn einfach auf den folgenden Tag.

Manche Menschen legen drei Fastentage pro Woche ein, andere (die schon abgenommen haben) reduzieren auf einen. Studien haben gezeigt, dass man selbst mit einem Fastentag pro Woche sein Wunschgewicht halten kann – ganz zu schweigen von all den anderen gesundheitlichen Vorteilen.

Ich empfehle, die Fastentage nicht mit beruflichen Terminen oder einem verschärften Sportprogramm vollzupacken. Lassen Sie diese Tage lieber locker angehen. Und achten Sie auf ausreichend Schlaf: Einer der Gründe für exzessives Essen ist Schlafmangel. Und Dehydrierung. Also immer auch genug Wasser trinken. Wenn Sie erst einmal 5:2-Profi sind, können Sie natürlich auch an Fastentagen Sport treiben – aber trotzdem nicht übertreiben.

Und was ist mit Hunger? Um ganz ehrlich zu sein, werden Sie an Ihren ersten Fastentagen ab und an schon etwas hungrig sein. Aber ich kann Ihnen garantieren, dass Sie sich schnell an das Fasten gewöhnen werden. Und wenn die Pfunde erst einmal purzeln – ganz zu schweigen von den sonstigen gesundheitlichen Segnungen der Fastentage –, werden Sie sie sogar lieben! Naja, zumindest nicht mehr hassen … Immerhin bedeuten die Fastentage, dass Sie an den fünf anderen Tagen der Woche mit gutem Gewissen normal essen können.

Wie verteile ich die Kalorien am besten? Wenn Sie immer frühstücken, dann sollten Sie das auch an den Fastentagen so halten. Zumindest so lange, bis Sie sich daran gewöhnt haben. Die Rezepte dieses Buches liefern Ideen für Frühstück, Mittag- und Abendessen sowie für kleine Snacks zwischendurch. Sie können selbst entscheiden, wie Sie die Kalorienmenge über den Tag verteilen. Manche Menschen halten lieber bis zum Mittagessen durch und konsumieren die Kalorien ab dann und über den Nachmittag verteilt. Reserviert man einige Kalorien für den Abend, kann man eine leckere Mahlzeit genießen und muss nicht anderen neidisch auf den Teller starren, während man selbst an einer Selleriestange knabbert. Sie selbst entscheiden, was für Sie am besten funktioniert. In diesem Buch finden Sie eine Fülle von Rezepten zwischen 50 und 350 Kilokalorien, die Sie frei miteinander kombinieren können (werfen Sie dazu auch einen Blick auf die Menüpläne auf Seite 150–152). Auch wenn die Rezepte nach Mahlzeiten kategorisiert sind, müssen Sie sich nicht sklavisch daran halten. Warum nicht mal ein Frühstück am Abend?

Was bietet diese Diät außer Gewichtsverlust? Viele Ärzte und Biologen singen ein Loblied auf das, was man wissenschaftlich als »intermittierendes Fasten« bezeichnet. Ein Haupteffekt, den Sie fast unmittelbar erfahren werden, ist, Ihren Körper wieder richtig zu spüren. Oft essen wir nur aus Gewohnheit oder Langeweile oder weil es eben Zeit fürs Mittag- oder Abendessen ist. Doch nun werden Sie an Ihren Fastentagen ein Hungergefühl verspüren, das Sie vielleicht schon längst vergessen haben. Das mag im ersten Moment nicht gerade angenehm sein, doch es handelt sich um ein ganz natürliches Gefühl, das nicht in derselben Minute befriedigt werden muss. Ihr Körper erinnert Sie damit lediglich daran, irgendwann mal wieder zu essen. Sie werden auch feststellen, dass der Hunger kommt und geht – und mit einem Glas Wasser oder einer Tasse Kräutertee verschwindet er auch wieder ganz schnell. Am erstaunlichsten ist, wie sich das neue Körpergefühl auch an den normalen Esstagen bemerkbar macht. Vielleicht müssen Sie gar nicht mehr die ganze Pizza verspeisen, von der Sie am Fastentag noch geträumt haben – weil Sie gar nicht so viel Hunger haben. Vielleicht stellen Sie fest, dass Sie eigentlich viel weniger brauchen. Die Fastentage bringen Sie auf gesunde Weise mit Ihrem Körper und seinen Bedürfnissen in Einklang.

Dann gibt es noch weniger offensichtliche Vorteile, die Sie nicht unmittelbar sehen oder erfahren können, wie beispielsweise ein verringertes Risiko, an bestimmten Krebsarten oder an Demenz zu erkranken, und nicht zuletzt eine erhöhte Insulinsensibilität, die nicht zu unterschätzen ist. Beim Essen produziert unser Körper Insulin. Und wenn wir den ganzen Tag über essen, produzieren wir ununterbrochen Insulin, da unser Körper bemüht ist, Blutzuckerspitzen auszugleichen. Wenn wir zwischen den Mahlzeiten größere Pausen einlegen, durchlaufen wir weniger Blutzuckerspitzen und somit weniger Insulinausschüttungen; unser Körper reagiert effizienter und sensibler – was deutlich weniger Stress für ihn bedeutet. Hinzu kommt: Wenn wir kein Insulin produzieren müssen, können wir mehr Fett verbrennen. Also ein doppelter Gewinn! Eine verbesserte Insulinsensibilität wird darüber hinaus in Verbindung mit weiteren hormonellen Abläufen gebracht und senkt wohl auch das Risiko, an Diabetes zu erkranken.

Es scheint außerdem so, als nutzte unser Körper Fastenperioden sehr klug. Dazu muss man einen Blick auf unsere Entwicklungsgeschichte werfen. Unser Körper und seine Funktionsweisen sind ganz eng mit dem unserer Vorfahren verbunden, die den ganzen Tag auf der Jagd und in ihren Höhlen verbrachten. Wir wissen heute zwar, dass wir die Lebensmittel möglichst naturbelassen und unverarbeitet zu uns nehmen sollten, doch eine Ernährung mit drei Mahlzeiten plus einem Snack pro Tag ist weit entfernt von der Ernährung unserer Vorfahren. Die Höhlenbewohner hatten viel längere Fastenperioden zu überdauern, bis ihnen endlich wieder etwas Essbares vor den Pfeil gelaufen kam. Und es scheint, als wäre unser Körper tatsächlich auf sehr viel längere Pausen zwischen den Mahlzeiten ausgelegt. Studien haben gezeigt, dass unser Körper in kurzen Fastenperioden einen Schnellcheck durchführt, um sicherzustellen, dass wir notfalls auch eine längere Fastenzeit überstehen würden – beschädigte Zellen werden repariert, der Körper wird überholt und so eingestellt, dass er auch längere »Hungerstrecken« überstehen würde.

Zahlreiche Studien belegen die positiven Effekte der 5:2-Diät. Für mich macht diese Ernährung Sinn, weil sie unsere frühere Ernährung widerspiegelt: An fünf Tagen genießen wir die moderne Ernährung des 21. Jahrhundert, an zwei Tagen erweisen wir der Ernährung unserer Vorfahren Respekt.

Geht das auch langfristig? Ja! Diese »Diät« ist eher eine langfristige Ernährungsumstellung als eine kurzfristige Diät im herkömmlichen Sinn. Und haben Sie sich erst einmal an die Fastentage gewöhnt, werden Sie sie sicher problemlos in Ihren Alltag integrieren.

Die 10 Regeln der 5:2-Diät

5:2 ist sehr einfach, und darin liegt schon ein Großteil seiner Beliebtheit und seines Erfolgs. Es gibt einige wenige Regeln – oder besser: Richtlinien –, die dazu beitragen, diese Diät noch angenehmer und alltagstauglicher zu machen.

1 **Gute Organisation.** Wenn Sie nur eine einzige Regel einhalten wollen, dann diese. Stellen Sie sich vor, Sie landen um 13.15 Uhr nach einem langweiligen Meeting mit grimmig knurrendem Magen im Sandwich-Shop – und setzen in nur einem einzigen schwachen Moment den Erfolg des ganzen Tages aufs Spiel. Die Lösung: Gute Planung! Planen Sie ganz genau, was und wann Sie essen werden. So müssen Sie nicht viele verschiedene Optionen durchspielen und dabei nur noch hungriger werden, während Sie sich überlegen, wie viele Kalorien Ihre Lieblings-Sushibox wohl hat. Wenn Sie schon ahnen, dass Sie am Nachmittag in eine Heißhungerfalle geraten, packen Sie sich einen Snack ein. Die meisten Rezepte dieses Buches lassen sich ganz unkompliziert verpacken und mitnehmen. Ein Griff in die Tasche reicht dann, um einen kalorienarmen Snack parat zu haben.

2 **Das richtige Werkzeug.** Gute Organisation bedeutet auch, die richtigen Utensilien zur Hand zu haben. Sie brauchen nicht viel, aber eine Waage zum Abwiegen der Zutaten und Bestimmen der Kalorienmenge sowie ein paar hochwertige Lunchboxen und Suppenbehälter zum Transportieren Ihrer Mahlzeiten müssen schon sein. Ich mag Schraub- und Weckgläser. Sie sind zwar etwas schwerer, aber besser für Sie und Ihr Essen als Kunststoff.

3 **Kein deprimierendes Essen.** Nur weil Sie an den Fastentagen weniger Kalorien zu sich nehmen, bedeutet das nicht, sich mit geschmacklosen, seelenlosen Lebensmitteln zu begnügen. Jede Kalorie auf Ihrem Teller muss es wert sein. Wenn Sie gerne

essen, sollen Sie auch an den Fastentagen auf Ihre Kosten kommen. Genießen Sie auch dann hochwertige Zutaten – achten Sie lediglich darauf, dass Sie das Beste für Ihre Kalorien bekommen, und balancieren Sie Texturen und Aromen geschickt aus. Durch eine breite Palette von Zutaten werden die Mahlzeiten abwechslungsreich. Und Sie haben das Gefühl, etwas wirklich Gutes gegessen zu haben.

4 **Finden Sie heraus, was für Sie funktioniert.** Wie Sie die Kalorien am besten über den Tag verteilen und welche Tage für Sie die geeignetsten Fastentage sind, entscheiden Sie. Testen Sie unterschiedliche Optionen: Vielleicht nehmen Sie ein kleines Mittagessen zu sich und sparen sich die restlichen Kalorien für das Abendessen auf. Vielleicht brauchen Sie aber auch ein ordentliches Mittagessen und treten lieber abends etwas kürzer. Vielleicht ist Dienstag Ihr Stresstag, an dem Sie regelmäßig abends um acht auf dem Sofa zusammenbrechen – dann sollten Sie Ihren Fastentag anders legen. Passen Sie die 5:2-Diät Ihrem Alltag und Ihrem Lebensstil an – nicht umgekehrt! Viele der folgenden Rezepte schmecken auch Nicht-Fastenden. Servieren Sie sie mit Reis oder Nudeln, mit Ofenkartoffeln oder knusprigem Brot – so bekommen Ihre Lieben die notwendigen Kalorien, und nichts steht einer gemeinsamen Mahlzeit im Weg. Auf diese Weise wird der Fastentag viel angenehmer – und so viel realistischer und machbarer.

5 **Ruinieren Sie das Fasten nicht am nächsten Tag.** Einer der großen und bleibenden Nutzen der Fastentage ist, dass Sie immer – auch an den »normalen« Tagen – wissen, ob und wann Sie wirklich Hunger und nicht nur Lust auf einen kleinen Snack zwischendurch haben. Und Sie wissen, dass es sich lohnt, das Abendessen abzuwarten, anstatt zwischendurch schwach zu werden. Einer der großen Vorteile der 5:2-Diät liegt außerdem darin, dass man am nächsten Tag ganz normal essen kann. Normal bedeutet natürlich nicht für sich allein die Familienpizza mit Extrakäse – dann dürfte sich der erhoffte Gewichtsverlust doch sehr in Grenzen halten. Wenn Sie mit etwas Sensibilität vorgehen, wissen Sie aber, was Sie essen können und was Sie weglassen sollten.

/6/ **Öl vermeiden.** Beim Kochen sind Fette und Öle ein wichtiges Thema. Für die 5:2-Diät eignen sich am besten frische Zutaten. Und wenn es um die Zubereitung geht, empfiehlt sich das Dämpfen bzw. Dampfgaren. Entweder im Dampfgarer oder mit ganz wenig Flüssigkeit in kleinen Folienpäckchen im Backofen. Bei manchen Rezepten in diesem Buch werden die Zutaten auch in Wasser gedünstet. Das ist zugegebenermaßen nicht die schmackhafteste Zubereitungsart für Zwiebeln, doch wenn diese Zwiebeln Teil eines Eintopfes oder eines anderen sehr aromatischen Gerichts sind, wird es nicht an Würze fehlen. Jedenfalls nicht so sehr, dass man dafür 120 zusätzliche Kilokalorien pro Esslöffel Olivenöl in Kauf nehmen würde.

/7/ **Finden Sie heraus, welche Zutaten den größten Wow-Effekt haben.** In dem Maß, in dem Sie mehr frisches Gemüse zu sich nehmen, sollten Sie die raffinierten Kohlenhydrate reduzieren. Denn sie sind es, die den Blutzuckerspiegel in die Höhe schnellen und kurz darauf steil abfallen lassen, was zu Hungergefühlen und bleierner Müdigkeit führt. Wenn Kohlenhydrate, dann komplexe, die vom Körper nur langsam aufgespalten werden, zum Beispiel in Form von Vollkornprodukten. Auch »schlanke« Proteine sind gut. Achten Sie auf Ihrem Teller auf Ausgewogenheit und eine interessante Mischung von Texturen, von Weichem und Knackigem. Sorgen Sie für interessante Aromenkombinationen, die Ihre Geschmacksknospen auf Trab halten. Verwenden Sie statt einfachem Schnittsalat viele frische Kräuter. Gehackte Chili, geriebener Ingwer, Zitronen- oder Limettenschale sind einmalige Aroma-Turbos. Verwöhnen Sie sich mit Zutaten, die im ersten Moment zu luxuriös für einen Fastentag erscheinen. In den folgenden Rezepten tauchen aus diesem Grund immer wieder Garnelen auf (wählen Sie solche aus nachhaltiger Produktion). Garnelen sind etwas Besonderes, dabei aber kalorienarm und sehr eiweißreich – ein Festmahl am Fastentag. Auch geriebener Parmesan entfaltet einen erstaunlichen Wow-Effekt. Dank seines würzigen Aromas braucht man nur kleine Mengen und hat nicht das Gefühl, »auf Diät« zu sein. Halten Sie immer Ausschau nach versteckten Kalorien wie beispielsweise Milch in Tee oder Kaffee – am besten entscheiden Sie sich für Kräuter- oder frischen Minztee.

8 **Organisieren Sie Ihre Vorräte.** Gute Organisation ist der halbe Erfolg der 5:2-Diät. Damit Sie also niemals unvorbereitet vom Hunger übermannt werden, sollten Sie immer einige geeignete Vorräte im Haus haben. Aus Dosentomaten kann man schnell die Einfache Tomatensauce (gegenüberliegende Seite) zubereiten und mit etwas frischem Fisch servieren. Mit besonderen Gewürzen kann man sie im Nu in Shakshuka (Seite 106) verwandeln oder das Ei weglassen und eine Bloody-Mary-Suppe zubereiten (Seite 58). Oder man streicht sie auf Fladenbrot und bereitet daraus eine Pizza zu (Seite 117) oder verwandelt sie in einen Cannellinibohnen-Chorizo-Eintopf (Seite 109). Einige Dosen Kichererbsen, eine Packung Quinoa, tiefgekühlte Garnelen, frische Kräuter (Koriander, Minze, Basilikum), ein Karton Eier (ein absolut verlässlicher 5:2-Verbündeter!), Zitronen und Limetten, frischer Ingwer, Harissa, Chilis und verschiedenste getrocknete Gewürze (Kreuzkümmel, Koriander, Kurkuma und Ingwerpulver) sind immer eine sichere Bank. Mit Ihren persönlichen Lieblingsaromen können Sie vielen kalorienarmen Gerichten das gewisse würzige Etwas geben.

9 **Lernen Sie den Kaloriengehalt kennen.** Das mag im ersten Moment vielleicht etwas langweilig erscheinen, aber sobald Sie eine grobe Idee davon haben, wie viele Kalorien worin stecken, können Sie Ihre eigenen Diätgerichte zusammenstellen, weil Sie genau wissen, was Sie meiden sollten und wovon Sie etwas mehr essen können. Lesen Sie die Packungsangaben und informieren Sie sich im Internet, um zu wissen, wo die Kalorien lauern. Lernen Sie, wie viele Kalorien in einem Tee- oder Esslöffel jener Zutaten stecken, die Sie viel verwenden. So behalten Sie stets den Überblick.

10 **Planen Sie langfristig.** Kochen Sie vor, und frieren Sie Einzelportionen ein. So müssen Sie an Ihren Fastentagen keinen Supermarkt betreten und laufen nicht Gefahr, an der Eiscreme-Ecke hängen zu bleiben. Viele der folgenden Rezepte lassen sich in größeren Mengen zubereiten, portionsweise verpacken und einfrieren – oder vorbereiten und kurz vor der Mahlzeit fertig kochen. Vergessen Sie nicht, die portionierten Gerichte vor dem Einfrieren mit dem Inhalt und dem Datum zu beschriften.

Einfache Tomatensauce

Für 4 Portionen

2 Zwiebeln,
gehackt

1 Knoblauchzehe,
gehackt

800 g Dosen-
tomaten (Schäl-
oder Pizzatomaten)

Salz, Pfeffer
aus der Mühle

1 TL Essig

Die Rezepte in diesem Buch sind kinderleicht und so konzipiert, dass die Fastentage nicht in Stress ausarten. Die folgende
Tomatensauce habe ich immer portionsweise eingefroren im
Tiefkühler. Wenn Sie sie mit Gewürzen der arabischen Küche
abschmecken, wird sie zum Traum aus dem Mittleren Osten,
mit mediterranen Kräutern zur Urlaubserinnerung. Ohne
diese absolut zuverlässige Tomatensauce könnte ich meine
Fastentage nicht überstehen. Kochen Sie eine größere Menge
vor, und frieren Sie die Sauce in Einzelportionen ein.

Die Zwiebeln und den Knoblauch mit etwas Wasser in einer
Pfanne 5 Minuten weich schmoren. Sie werden nicht braun, aber
glasig.

Die Dosentomaten dazugeben, mit Salz und Pfeffer abschmecken
und etwa 30 Minuten köcheln lassen, bis die Sauce eindickt.
Den Essig einrühren und einige Minuten weiter köcheln lassen.
Abkühlen lassen, portionieren, beschriften und einfrieren.

Einfache Dressings

Jedes Rezept
reicht für
2 Portionen Salat

Salat ist an den Fastentagen ganz klar eine gute Wahl – eine Schüssel voller knackig frischer Zutaten füllt den Magen und fühlt sich gut an. Doch aufgepasst: Das Dressing kann im Handumdrehen die besten Bemühungen zunichte machen. Doch niemand mag nackten Salat. Manchmal reichen ein paar Spritzer Zitronensaft, etwas Salz und Pfeffer schon aus – aber manchmal braucht es auch etwas mehr als das. Die folgenden Dressings liefern maximale Aromen bei minimalen Kalorien.

Chili, Koriander und Limette

½ rote oder grüne Chili entkernen und sehr fein hacken. 2 EL fein gehackten frischen Koriander, den Saft von 1 Limette und etwas Wasser untermischen. Dieses Dressing hält sich nicht so lange wie die folgenden, da die Kräuter schnell ihre Frische verlieren; am besten sofort verzehren.

Orange und Ingwer

50 ml frisch gepressten Orangensaft, 1 TL frisch geriebenen Ingwer und 1 TL Chiliflocken in einer kleinen Schüssel verrühren (wer es weniger scharf mag, lässt die Chiliflocken weg). Mit Salz und Pfeffer abschmecken. Hält sich im Kühlschrank mehrere Tage frisch.

Karamellisiertes Balsamicodressing

3 EL Balsamessig und 2 TL Honig bei niedriger Temperatur in einem kleinen Topf erhitzen und etwa 10 Minuten eindicken lassen. Die zähflüssige Masse sollte am Löffelrücken kleben bleiben. Vor dem Servieren abkühlen lassen.

Tahini, Zitrone und Knoblauch

In einer kleinen Schüssel 1 EL Tahini mit dem Saft von 1 Zitrone sowie nach Belieben 1 gepressten Knoblauchzehe vermischen. Mit etwas Wasser bis zur gewünschten Konsistenz verdünnen. Hält sich im Kühlschrank mehrere Tage frisch.

Orange und Ingwer

Karamellisiertes
Balsamicodressing

Tahini, Zitrone
und Knoblauch

Chili, Koriander
und Limette

Frühstück

Die wichtigste Mahlzeit des Tages! Auch wenn manche Fastende meinen, dass das Weglassen des Frühstücks längerfristig den Hunger unterdrückt, ist es für andere ein absolutes No-Go, ohne Frühstück in den Tag zu starten. Im folgenden Kapitel finden Sie Frühstücke mit den unterschiedlichsten Kalorienwerten – je nachdem, wie Sie die Kalorienmenge über den Tag verteilen möchten. Angefangen bei einem 45-kcal-Küchlein (sorry, das muss natürlich ohne Schokostückchen auskommen) bis hin zu einem soliden Quinoa-Porridge mit 265 kcal (Seite 30 und 50) – Sie haben die Wahl. Finden Sie heraus, was für Sie am besten funktioniert. Und natürlich können Sie die Frühstücksgerichte auch untertags genießen. Wenn das Mittagessen größer als geplant ausgefallen ist, geben die meisten von ihnen auch ein tolles leichtes Abendessen oder einen Snack ab.

Frühstücks-Frittata

Für 6 Stück

1 Scheibe
ungeräucherter
Speck, gehackt

3 kleine Eier

1 Handvoll
gehackter Thymian

½ TL gehackte
grüne Chili

Salz, schwarzer
Pfeffer aus der
Mühle

100 g Spinat,
gehackt

4 Kirschtomaten,
geviertelt

Sie können die Füllung dieser Frittataküchlein endlos variieren und dafür so ziemlich jedes Gemüse verwenden, von Pilzen und Paprika über Zucchini und Brokkoli bis hin zu Spargel. Sie können den Speck weglassen oder ihn durch wenig Feta ersetzen. Und Sie können mit Harissa oder Kräutern noch mehr Würze ins Spiel bringen. Die einzige Regel ist, dass das Verhältnis zwischen den Eiern und den Extras stimmen muss, sodass die Masse schön aufgeht und zusammenhält. Die Förmchen nicht überfüllen; es sollte oben ein etwa 1 cm breiter Rand frei bleiben, damit die Masse im Ofen nicht über die Form quillt. Die Küchlein lassen sich auch prima einfrieren. Abkühlen lassen, dann einzeln in Backpapier packen und in einem luftdicht verschlossenen Behälter einfrieren. Am Vorabend aus dem Tiefkühler nehmen, im Kühlschrank auftauen lassen und vor dem Verzehr im Ofen erhitzen.

Den Ofen auf 180 Grad vorheizen.

Den Speck in einer Pfanne bei niedriger Temperatur ohne Zugabe von Öl braten, bis das Fett ausgetreten ist. Etwa 5 Minuten weiterbraten, bis der Speck sich hellbraun färbt und knusprig wird.

In der Zwischenzeit die Eier mit Thymian, Chili, Salz und Pfeffer verrühren; dann den Spinat unterheben.

Wassermelonen-Limetten-Crush

Für 2 Portionen

400 g zerkleinerte
Wassermelone*

Saft von 1 Limette

10 Minzeblätter

2 Tassen voll
Eiswürfel

Wenn Sie sich die Kalorien für den späteren Tag aufsparen möchten, ist dies ein erfrischender, motivierender Besser-als-eine-Tasse-Kaffee-Start in den Morgen. Er schmeckt nach Urlaub und liefert viel Flüssigkeit. Wassermelone kann man gar nicht genug essen – dank dieser köstlichen Frucht beginnt man den Fastentag mit einem Lächeln.

Alle Zutaten im Mixer pürieren. Zunächst ähnelt die Konsistenz einer Granita (also weniger flüssig als ein Smoothie); in dieser Form lässt sich der Crush löffeln. Doch rasch verflüssigt er sich zu einem herrlich erfrischenden Getränk.

* Wenn es sehr schnell gehen soll, kann man auch auf fertig gekaufte Wassermelonen-würfel zurück-zugreifen. Es lohnt sich, nach den nahezu kernlosen Mini-Wasser-melonen Ausschau zu halten, die neuerdings auch in vielen Supermärk-ten erhältlich sind.

Ergibt jeweils 1 Glas
(wenn mehr ge-
wünscht wird, die
Mengen verdoppeln
oder vervielfachen)

Säfte wie ein Regenbogen

Säfte sollen zwar keine Mahlzeiten ersetzen, doch an Fastentagen sind sie köstliche und farbenfrohe Vitaminpakete, die Ihnen viel Energie und wertvolle Nährstoffe liefern. Vor dem Entsaften das Obst und Gemüse gründlich waschen. Ich liebe es, die Säfte im Anschluss im Mixer mit Eis zu mixen. So bekommen sie mehr Konsistenz, schmecken jedoch weniger intensiv. Geben Sie kurz vor Ende etwas Wasser in den Entsafter, sodass auch der letzte Saftrest herausgeschwemmt wird und in Ihrem Glas landet.

Rot

1 kleine Karotte, 1 Rote Bete (Rande), 3 Radieschen und 1 kleinen Apfel entsaften. Dieser leuchtende Saft ist mit seinem süßen, aber erdigen Geschmack ein herzhafter Start in den Tag.

Orange

2 Karotten, 1 etwa 1 cm langes, geschältes Stück Kurkumawurzel, 1 etwa 2 cm langes, geschältes Stück Ingwer, 1 Apfel und ½ Gurke entsaften. Kurkuma ist eine wertvolle Zutat mit sehr großem gesundheitlichem Nutzen.

Gelb

150 g geschälte, gewürfelte Ananas und 1 Apfel entsaften. Den ausgepressten Saft von ½ Zitrone einrühren; falls der Saft zu süß ist, 1 Prise Cayennepfeffer einrühren.

/112/ Grün

Ein schneller grüner Saft, der keine Wünsche offen lässt. ½ Gurke, 1 Apfel, 2 Handvoll grünes Blattgemüse (z. B. Grünkohl, Spinat oder Mangold), 2 kleine Selleriestangen und ½ Limette (mit Schale) entsaften. Sie können die Limette vor dem Entsaften auch schälen, aber ich mag das Extraaroma, das die Schale gibt.

/78/ Purpur

Entsaftete Kohlblätter sind zwar etwas gewöhnungsbedürftig, aber ihre leuchtende Farbe ist unschlagbar. Für diesen Drink entsaften Sie 2 Blätter Rotkohl, 2 Stangen Sellerie, 1 Apfel und 1 etwa 2 cm langes, geschältes Stück Ingwer.

Roggen-Vollkornschnitten

Für jeweils
1 Scheibe

Roggen-Vollkornbrot ist viel sättigender als weißes oder auch gewöhnliches Vollkornbrot. Es steckt voller Ballaststoffe und besitzt einen niedrigeren glykämischen Index, sodass es den Blutzuckerspiegel zuverlässig im Gleichgewicht hält. Als Grundlage verwende ich hier Roggen-Vollkornbrotscheiben mit 100 kcal. Die bereits vorgeschnittenen und abgepackten Roggen-Vollkornscheiben entsprechen in etwa dieser Kalorienzahl, was die Sache vereinfacht. Die folgenden belegten Brote sind ein tolles Frühstück, lassen sich aber auch zu jeder anderen Mahlzeit genießen.

Räucherlachs, Frischkäse und Gurke

Eine Roggen-Vollkornbrotscheibe mit 1 EL kalorienreduziertem Frischkäse bestreichen, mit 25 g geschälten Gurkenscheiben und 25 g Räucherlachs belegen. Mit einigen Tropfen Zitronensaft beträufeln und mit schwarzem Pfeffer aus der Mühle abschmecken.

Harissa und hartgekochtes Ei

1 kleines Ei hart kochen, abkühlen lassen, schälen und hacken. Mit ½ TL Harissa, 1 TL fettarmem griechischem Joghurt und einigen Spritzern Zitronensaft verrühren. Damit eine Roggen-Vollkornbrotscheibe bestreichen; mit schwarzem Pfeffer und frischem Koriander bestreuen.

Hartgekochtes Ei, Tomaten und Kapern

1 kleines Ei hart kochen, abkühlen lassen, schälen und in dünne Scheiben schneiden. Eine Roggen-Vollkornbrotscheibe mit 1 TL Dijonsenf bestreichen, mit 1 kleinen, in Scheiben geschnittenen Tomate und den Eierscheiben belegen. Mit 1 TL Kapern und 1 TL gehackter roter Zwiebel bestreuen.

Mandelbutter und Trauben

Eine Roggen-Vollkornbrotscheibe mit 2 TL weicher Mandelbutter bestreichen und mit 5 in Scheiben geschnittenen Trauben belegen.

Ricotta und Erdbeeren

Eine Roggen-Vollkornbrotscheibe mit 30 g frischem Ricotta bestreichen und mit 3 kleinen, in Scheiben geschnittenen Erdbeeren belegen. Mit etwas gemahlenem Zimt bestreuen.

Tahini und Gurke

Eine Roggen-Vollkornbrotscheibe mit 1 TL Tahini bestreichen. 30 g geschälte, fein geraspelte Gurke mit Limettensaft und gehackten Minzeblättern vermischen und darauf verteilen. Mit Chiliflocken würzen.

Ziegenkäse und Radieschen

Eine Roggen-Vollkornbrotscheibe mit 30 g weichem Ziegenkäse bestreichen. Dann mit 4 in Scheiben geschnittenen Radieschen und ¼ mittelgroßen, in Scheiben geschnittenen Birne belegen. Mit 2 EL Sprossen nach Wahl bestreuen.

Erbsen und Zitrone

65 g tiefgekühlte Erbsen einige Minuten weich kochen, abgießen und mit der abgeriebenen Schale und dem Saft von ½ Zitrone sowie einigen Minzeblättern zerquetschen. Eine Roggen-Vollkornbrotscheibe mit dem Püree bestreichen und mit schwarzem Pfeffer aus der Mühle würzen.

Mit geriebenem Parmesan bestreut, wird dieses belegte Brot zu einem luxuriösen Start in den Tag.

100-Kalorien-Smoothies

Jeder Smoothie
ergibt 1 Quetsch-
beutel

Eine der Grundregeln der 5:2-Diät lautet: Gut vorbereitet sein.
Und die zweite Regel: Für Abwechslung sorgen und nicht jeden
Tag dasselbe essen. Auf die folgenden Smoothie-Variationen
trifft beides zu – außerdem lassen sie sich perfekt einfrieren.
Man muss noch nicht einmal Auftauzeit einkalkulieren, sondern
gibt sie mit etwas Milch oder einer anderen Flüssigkeit nach
Wahl einfach in den Mixer – fertig ist ein cremiger, fruchtiger
Start in den Tag.

Vergessen Sie nicht, dass auch Milch Kalorien besitzt, die in die
Tagesrechnung einfließen. Ich bereite die folgenden Rezepte
normalerweise mit 150 ml ungesüßter Mandelmilch (20 kcal)
und etwas Wasser zum Verflüssigen zu. Auch Kokoswasser ist
eine gute Wahl. Davon verwende ich 100 ml (32 kcal), die ich
mit Leitungswasser auffülle. Die Smoothie-Quetschbeutel sind
auch deshalb so toll, weil Sie nicht gleich eine ganze Mango
pro Tag essen müssen, sondern sie auf mehrere Beutel verteilen und einfrieren können. Auf diese Weise kann man Obst-
reste und Früchte, die ihre maximale Reife erreicht haben,
sinnvoll verarbeiten.

Sie können auch gewöhnliche Gefrierbeutel verwenden; beim
Verschließen sollten Sie darauf achten, möglichst viel Luft aus
den Beuteln zu drücken.

Guten Morgen

Für einen ausgewogenen Start in den Tag kombinieren Sie
⅓ gehackte Banane mit 40 g Brombeeren und 120 g Spinat.
Mit Milch oder Kokoswasser und Eis pürieren.

Detox

Da Sie jetzt schon fast ein 5:2-Profi sind, können wir nun auch eine Detox-Komponente ins Spiel bringen. Dazu 20 g frischen Koriander, 1 etwa 2 cm langes, geschältes und gehacktes Stück Ingwer, 120 g Spinat, 100 g in Scheiben geschnittene Zucchini und 50 g frische geschälte und zerkleinerte Ananas zusammen mit Milch oder Kokoswasser, Eis und 4 oder 5 frischen Minzeblättern pürieren.

Banane, Erdbeere und Erdnussbutter

Banane und Erdbeeren sind ein klassisches Smoothie-Traumpaar. Die Erdnussbutter hilft uns, an den harten Fastentagen durchzuhalten, denn ihre Proteine rufen ein Sättigungsgefühl hervor. ⅓ zerkleinerte Banane und 30 g Erdbeeren mit Milch oder Kokoswasser und 1 TL Erdnussbutter pürieren.

Tropical Island

Wenn nur alles im Leben so leicht und süß wie dieser Smoothie wäre! Packen Sie 85 g geschälte, zerkleinerte Mango und 1 geschälte, zerkleinerte Kiwi in einen Beutel. Mit Milch oder Kokoswasser, etwas Eis und 4 oder 5 frischen Minzeblättern pürieren. Besonders gut ist dieser Smoothie mit Kokoswasser – so schmeckt er nach Sonnenschein pur.

Alle Beeren sind schon da

Ein einfacher Win-Win-Smoothie. Kombinieren Sie 75 g Erdbeeren, 30 g Blaubeeren und 40 g Brombeeren. Mit Milch oder Kokoswasser, 4 oder 5 frischen Minzeblättern und einem Spritzer Limettensaft pürieren.

Grüner Matchatee und Pfirsich

Das grüne Matchateepulver ist hier nicht unbedingt notwendig, weil Banane und Pfirsich allein schon köstlich sind, aber der Matchatee gibt eine tolle Farbe und liefert außerdem wertvolle Antioxidanzien. ⅓ zerkleinerte Banane und 100 g zerkleinerten Pfirsich mit Milch oder Kokoswasser, ½ TL Matchapulver, Eis und 1 Spritzer Limettensaft pürieren.

Gegrillte Ananas
mit Honig und Minze

Für 2 Portionen

4 Ananasringe
aus der Dose oder
150 g frische
Ananasstücke

2 TL Honig

1 Prise Chiliflocken,
nach Belieben

gehackte Minze
zum Garnieren

abgeriebene Schale
von ½ Limette zum
Garnieren

60 g Naturjoghurt

Etwas für die Fans von Süßem! Die Chiliflocken scheinen auf den ersten Blick nicht so recht zu einem Frühstücksrezept zu passen, doch die Schärfe bildet ein ideales Gegengewicht zum Fruchtzucker. Sie können aber auch darauf verzichten. Minze und Joghurt ergeben eine kühlende, erfrischende Komponente; die Limettenschale bringt feines Zitrusaroma ins Spiel.

Den Backofengrill auf hoher Stufe vorheizen. Ein Bachblech mit Alufolie belegen und die Ananasstücke oder -scheiben darauf verteilen. Etwa 4 Minuten grillen, bis sie zu bräunen und zu karamellisieren beginnen.

Dann die Ananas wenden und mit dem Honig bestreichen. Weitere 5 Minuten unter dem Backofengrill backen, bis die Honigschicht hell gebräunt und knusprig ist.

Die Ananas auf Teller geben und nach Wunsch mit Chiliflocken bestreuen. Mit gehackter Minze und Limettenschale garnieren; dazu Naturjoghurt reichen.

Gebackene Eier
nach türkischer Art

Für 2 Portionen

1 Frühlingszwiebel, fein gehackt

1 TL Olivenöl

20 g frischer Koriander, fein gehackt

2 Kirschtomaten, gehackt

2 EL weißer Joghurt

1 Prise Chiliflocken

1 Prise gemahlener Kreuzkümmel

schwarzer Pfeffer aus der Mühle

2 kleine Eier

Der Erfolg des Fastentags hängt zu einem großen Teil damit zusammen, dass man das Gefühl hat, eine vollständige, sättigende Mahlzeit zu sich genommen zu haben. Und das erreicht man, indem man starke Aromen auf den Teller bringt. Bei diesem Gericht ist es der Koriander, der als Zutat und nicht nur als Garnierung verwendet wird und einen intensiven, erdigen Geschmack entwickelt. Wer Koriander nicht mag, ersetzt ihn durch gehackten Spinat. Sie können das Gericht am Vorabend vorbereiten und morgens nur noch die Eier und den Joghurt dazugeben.

Den Ofen auf 200 Grad vorheizen.

Die Frühlingszwiebel im Öl in einer Pfanne einige Minuten weich braten, in zwei Auflaufförmchen verteilen und mit dem Öl die Seitenwände fetten.

Den gehackten Koriander bei niedriger Hitze in dieselbe Pfanne geben und maximal 1 Minute unter Rühren zusammenfallen lassen. In die beiden Förmchen geben und die gehackten Kirschtomaten darauf verteilen.

Den Joghurt mit den Chiliflocken, dem Kreuzkümmel und schwarzem Pfeffer verrühren.

In jedes Förmchen ein Ei schlagen und die Joghurtmischung daraufgeben.

10 Minuten im vorgeheizten Ofen backen, bis die Eier gar und das Eigelb so fest ist, wie gewünscht.

Power-Smoothie

Für 2 Gläser

1 mittelgroße
Banane, zerkleinert

150 g Kirschen,
tiefgekühlt

400 ml ungesüßte
Mandelmilch

20 g Haferflocken

5 Minzeblätter

¼ TL Matchapulver,
nach Belieben

1 mittelgroße
Banane, zerkleinert

150 g Kirschen,
tiefgekühlt

400 ml ungesüßte
Mandelmilch

20 g Haferflocken

5 Minzeblätter

¼ TL Matchapulver,
nach Belieben

Die Haferflocken machen diesen Smoothie einmalig cremig. Und Haferflocken können noch viel mehr, besonders an Fastentagen: Indem man einen Teil des Obsts durch Haferflocken ersetzt, kann man die üblichen Blutzuckerspitzen ein gutes Stück ausgleichen, die später zu einem Hungergefühl führen würden. Anstatt der tiefgekühlten Kirschen können Sie natürlich frische verwenden – oder andere Obstsorten, die Sie mögen (mehr Smoothie-Anregungen finden Sie auf Seite 39 bis 41) – doch tiefgekühltes Obst ergibt eine dickere Konsistenz, und ein eisgekühlter Smoothie ist unglaublich erfrischend. Die Nussmilch lässt sich auch problemlos durch Kuhmilch ersetzen. Wer noch einige Kalorien im Budget hat, kann einen Esslöffel Joghurt hinzufügen. Das Machapulver gibt einen malzigen Geschmack – wer das nicht mag, lässt es einfach weg.

Alle Zutaten im Mixer cremig pürieren – einfacher geht's nicht!

Drachenfrucht Smoothie Bowl

Für 1 Portion

Für den Smoothie

50 g fettarmer griechischer Joghurt (wenn möglich mit Kokos-Aroma!)

80 g rosafleischige Drachenfrucht

100 g Banane, zerkleinert (idealerweise gefroren)

100 ml ungesüßte Mandelmilch

4 Minzeblätter

Toppings

60 g rosafleischige Drachenfrucht, klein gewürfelt oder mit Melonenausstecher zu kleinen Kugeln geformt

½ Kiwi, geschält, zerkleinert

40 g Papaya, geschält, klein gewürfelt

½ TL Mohnsamen

Minzeblätter

Smoothie Bowls sind aktuell sehr angesagt. Sie sehen nicht nur toll aus und verheißen einen längeren Genuss als ein Smoothie aus dem Glas, sondern sind außerdem die perfekte Grundlage für alle Arten von Toppings. Zuerst bereitet man wie gewohnt einen Smoothie zu, gibt ihn in eine Schüssel und verfeinert ihn mit unterschiedlichen Toppings wie Samen, Nusskernen, Müsli, frischen und getrockneten Früchten, Kakaopulver, Chiasamen, Getreide, Honig, Nussbutter, Ahornsirup ... wählen Sie aus, was Sie mögen und was Ihr Vorratsschrank hergibt. Sie können auch einen der Smoothies von den Seiten 39 bis 41 zubereiten und ihn mit Toppings Ihrer Wahl krönen – verlieren Sie allerdings nicht die Kalorien aus dem Blick!

Drachenfrüchte sind in unseren Breiten ein teurer Genuss, also nichts für jeden Tag, aber an manchen Fastentagen muss man sich auch einfach mal etwas Gutes tun. Drachenfrüchte enthalten viel Eiweiß und Vitamin C. Sie sind mit rosa oder weißem Fleisch erhältlich – wenn möglich sollten Sie rosafleischige mit dem größeren Wow-Faktor kaufen! Wenn Sie keine Drachenfrucht bekommen, können Sie sie durch Kiwis ersetzen, die auch in Sachen Kalorien vergleichbar sind. Wenn Sie die Toppings weglassen, sparen Sie 75 kcal. Oder verwenden Sie als Topping ausschließlich die angegebene Drachenfrucht mit 35 kcal.

Alle Smoothie-Zutaten im Mixer pürieren. Da die Smootie Bowl nicht getrunken, sondern gelöffelt wird, pürieren Sie nicht zu lange, damit die Konsistenz nicht zu flüssig wird, sondern joghurtähnlich bleibt. Die Masse in eine Schüssel geben.

Anschließend die Toppings kunstvoll darauf arrangieren – oder einfach draufwerfen, sofern niemand zuschaut.

Grünkohl mit Speck

Für 2 Portionen

120 g magerer (fettarmer) Speck, fein gewürfelt

ganz wenig Kokosöl

200 g Grünkohl, geputzt (harte, holzige Teile entfernt), fein gehackt

Für das Dressing

1 ½ EL grobkörniger Senf

1 TL Apfelessig

schwarzer Pfeffer aus der Mühle

Dieses Gericht enthält alles, was man an einem Fastentag braucht: Der Senf sorgt für einen intensiven Geschmack, den man von einem vollwertigen Gericht erwartet, der Grünkohl steckt voll sättigender Ballaststoffe. Und der Speck gibt einem das Gefühl, dem Fasten ein Schnippchen zu schlagen und auf nichts verzichten zu müssen.

Wenn Sie den Grünkohl mit einem pochierten Ei krönen, bekommen Sie eine Extraportion Eiweiß – für 65 kcal pro Portion. Bringen Sie, während der Grünkohl schmort, Wasser in einem kleinen Topf zum Kochen, schlagen Sie ein Ei in eine Tasse auf, lassen Sie es ins heiße Wasser gleiten und köchelnd garen.

Den Speck in einem Topf bei schwacher Hitze auslassen, dann 5–10 Minuten bräunen. Anschließend einen Hauch Kokosöl dazugeben, damit der Speck knusprig wird (erscheint er schon vorher trocken, das Öl früher hinzugeben).

Den zerkleinerten Grünkohl zum Speck geben und umrühren; den Topf mit einem Deckel verschließen. Von Zeit zu Zeit umrühren, sodass der Grünkohl nicht anhängt, sondern gleichmäßig gart und die Aromen des Specks annimmt. In etwa 10 Minuten ist der Kohl gar.

In der Zwischenzeit die Dressing-Zutaten mit einigen Spritzern Wasser verrühren.

Wenn der Grünkohl gar ist (nicht allzu sehr verkochen lassen!), das Senfdressing noch im Topf unterheben. Mit offenem Deckel noch einige Sekunden aufkochen lassen, sodass ein Teil der Flüssigkeit verdampft und der Grünkohl nicht breiartig verkocht ist.

Übernacht-Haferflocken-Müsli

Für 2 Portionen

80 g Haferflocken

2 TL gemahlener Zimt

300 ml ungesüßte Mandelmilch

2 TL Honig

1 großer Apfel

100 g Brombeeren

Die sättigenden Haferflocken geben für viele Stunden Energie, der Apfel und die Beeren liefern jede Menge Ballaststoffe und Vitamine. Das Müsli schmeckt ein bisschen wie Crumble ... ein Genuss am frühen Morgen!

Auch dieses Rezept können Sie ganz nach persönlichem Gusto abwandeln. Ersetzen Sie den Honig durch Ahornsirup, oder wählen Sie andere Beeren (zum Beispiel Blaubeeren, Erdbeeren oder Himbeeren) oder Banane – aber verlieren Sie die Kalorien nicht aus den Augen. Die hier verwendeten Brombeeren haben 22 kcal. Wenn Sie sie durch Banane ersetzen, brauchen Sie keinen Honig mehr, denn Bananen sorgen für natürliche Süße. Sie können die Mandelmilch durch Kokos-, Kuh- oder Hanf-milch ersetzen – auch das schmeckt köstlich. Gehackte Nüsse sind eine ideale Ergänzung, die zusätzlichen Biss liefert. Wer keinen Zimt mag, lässt ihn einfach weg – obwohl er für einen stabilen Blutzuckerspiegel sorgt und Sie sicher durch die kommenden Stunden manövriert.

Die Haferflocken in zwei Schüsseln oder Schälchen verteilen, mit dem Zimt bestreuen, dann jeweils die Hälfte der Milch und des Honigs unterrühren. Den Apfel schälen, entkernen, reiben und jeweils eine Hälfte unter die beiden Haferflocken-Portionen heben. Die Schälchen mit Folie abdecken und über Nacht in den Kühlschrank stellen.

Am Morgen die Beeren unterheben.

Quinoa-Porridge

Für 1 Portion

30 g weißes oder rotes Quinoa (oder eine Mischung aus beidem)

155 ml Mandelmilch

2 TL Vanilleextrakt

1 EL Pistazien, gehackt

1 TL Honig

50 g Erdbeeren, klein geschnitten

Mit einer Portion Porridge im Bauch – besonders einer so schön bunten wie dieser –, kann einen so schnell nichts aus dem Gleichgewicht bringen. Quinoa ist ein ausgezeichneter Eiweißlieferant und steckt voller Ballaststoffe. Verfeinern Sie dieses Porridge mit allem, was gut und lecker ist: mit gehackten Nüssen, frischem Obst, Honig, Ahornsirup, Kokosflocken ... natürlich immer mit Blick auf die Kalorien, versteht sich. Für eine leichtere Variante garen Sie das Quinoa in Kokoswasser. Wenn Sie andere Menschen an diesem köstlichen Frühstück teilhaben lassen möchten, verdoppeln oder verdreifachen Sie einfach die Mengen. Sie können das Porridge auch schon am Vorabend zubereiten und am nächsten Morgen aufwärmen.

Quinoa, Mandelmilch und Vanilleextrakt in einem kleinen Topf bei schwacher Hitze etwa 20 Minuten unter häufigem Rühren köcheln lassen, bis das Quinoa gar und die Masse schön cremig ist. Erscheint das Porridge zu trocken, geben Sie noch etwas Wasser dazu. Wichtig: Die Nussmilch nicht kochen, sondern nur leise simmern lassen.

Sobald das Quinoa die gewünschte Konsistenz erreicht hat, den Topf vom Herd nehmen und die gehackten Pistazien, den Honig und die Erdbeeren einrühren.

Granola mit Feigen, Aprikosen und Pistazien

**Für 7 Portionen
(Vorrat für eine
Woche)**

1 Apfel, geschält
und entkernt

200 g Haferflocken

1 TL gemahlener
Zimt

1 Prise Salz

2 EL Ahornsirup

1 TL Vanilleextrakt

5 getrocknete
Feigen, gehackt

8 getrocknete
Aprikosen, gehackt

1 EL Mandeln,
gehackt

2 EL Pistazien,
gehackt

+50 50 g Naturjoghurt
pro Portion, nach
Belieben

Fertig gekauftes Granola aus dem Supermarkt ist normalerweise vollgepackt mit Zuckerzusätzen, und auch das Verhältnis von Obst und Haferflocken ist meist sehr enttäuschend. Bei selbstgemachtem Granola können Sie getrocknete Früchte ganz nach Ihrem persönlichen Gusto ins Spiel bringen. Dörrobst hat allerdings eine Menge Kalorien, was man bedenken muss. Doch all die wertvollen Inhaltsstoffe von Haferflocken und Trockenobst geben uns einen perfekten Start in den Tag. Serviert man das Granola mit Joghurt, ist nicht nur für erfrischende Kühle gesorgt, sondern auch für jede Menge Proteine, die uns ein lang anhaltendes Sättigungsgefühl verschaffen. Milch hat denselben Effekt. Und Mandelmilch gibt dem Granola ein extra nussiges Aroma.

Den Ofen auf 180 Grad vorheizen.

Den Apfel in Spalten schneiden, diese in einem kleinen Topf mit Wasser bedecken und bei niedriger Hitze 10–15 Minuten köcheln lassen, bis sie weich sind. Vom Herd nehmen und die Apfelstücke zu Brei zerdrücken.

Die Haferflocken mit Zimt und Salz vermischen, zusammen mit Ahornsirup, Vanilleextrakt, Feigen, Aprikosen und Mandeln unter das Apfelmus heben. Die Masse auf ein Backblech streichen und im vorgeheizten Ofen 20 Minuten backen; dabei die Mischung immer wieder behutsam wenden, sodass sie gleichmäßig backt. Ein paar größere Haferflockenklumpen sind lecker und geben dem Granola einen kernigen Biss.

Sobald sich die Ränder der Haferflocken appetitlich bräunen, die Pistazien unterheben und abkühlen lassen. Das Granola in einem luftdicht verschlossenen Behälter aufbewahren.

Ganz nach Geschmack mit Joghurt, Kuh- oder Nussmilch servieren.

Lunch

Für viele ist an den Fastentagen das Mittagessen die erste Mahlzeit des Tages. Um so leckerer und nährstoffreicher sollte es sein. Bei den folgenden Rezepten liegt der Fokus auf frischen, aromatischen Zutaten, die alle Sinne ansprechen. Mit viel Ballaststoffen und einem hohen Eiweißanteil sind die Gerichte außerdem schön sättigend. Schnell zubereitet, können fast alle in der Lunchbox mitgenommen werden (damit Sie nicht in der Kantine doch ins Grübeln kommen, wie viele Kalorien die Ofenkartoffel wohl haben mag ...). Keines der folgenden Gerichte ist ein typisches »Diät«-Gericht, sie schmecken alle auch an Nicht-Fastentagen wunderbar. Wir müssen nicht auf das verzichten, was wir gerne essen, nur weil wir an manchen Tagen weniger davon essen dürfen – wenn wir an den Fastentagen unser Essen in vollen Zügen genießen, werden wir auch durchhalten! Also, weiter so – Sie werden es schaffen!

Schmortomaten-Bloody-Mary-Suppe

Für 6 Portionen

1,4 kg Tomaten, geviertelt

2 Knoblauchzehen, in Scheiben geschnitten

1–2 EL Olivenöl

2 TL Chiliflocken

Salz, schwarzer Pfeffer aus der Mühle

2 EL Worcestershiresauce

1 TL Meerrettichpaste oder geriebene Meerrettichwurzel

1 TL Apfelessig

Saft von 1 Zitrone

2 Stangen Sellerie, fein gehackt

Wer träumt nicht von einem Cocktail zum Lunch? Diese pikante Suppe kann warm oder kalt verzehrt werden und ist entweder ein wohlig wärmendes Winter- oder ein herrlich erfrischendes Sommeressen. Die Gewürze und anderen Extras können Sie Ihrem persönlichen Gusto anpassen. Kochen Sie einen großen Topf dieser Suppe und frieren Sie sie portionsweise ein. Einfach auftauen und kalt genießen oder nochmals behutsam aufkochen. An den Nicht-Fastentagen (oder wenn Sie nicht arbeiten müssen!) können Sie vor dem Servieren sogar einen Spritzer Wodka einrühren (1 EL hat etwa 33 kcal …).

Mit den Tomaten steht und fällt diese Suppe – achten Sie also auf gute Qualität. Wenn Sie keine Zeit oder keine Lust auf die Schmorprozedur im Ofen haben, können Sie statt frischer auch Dosentomaten (4 Dosen à 400 g) verwenden. Den Knoblauch zusammen mit den Chiliflocken in 1 EL Olivenöl schmoren und das restliche Öl mit den Gewürzen dazuträufeln. Es fehlen dann natürlich die köstlichen Schmoraromen, aber eine feine Suppe kommt allemal dabei heraus.

Den Ofen auf 180 Grad vorheizen.

Die Tomaten und den Knoblauch auf einem Backblech verteilen, mit dem Olivenöl beträufeln und mischen. Es scheint nicht viel Öl zu sein, aber es reicht aus! Mit den Chiliflocken bestreuen, salzen und pfeffern. Im vorgeheizten Ofen 30–40 Minuten schmoren, bis die Tomaten gar und etwas zusammengefallen, aber prinzipiell noch in Form sind. Es dürfen auch ein paar appetitlich gebräunte Schalen dabei sein.

Das Blech aus dem Ofen nehmen, die Tomaten etwas abkühlen lassen und zusammen mit dem Knoblauch und den Schmorsäften vom Blech im Mixer pürieren.

Die Masse in einen Topf füllen, Worcestershiresauce, Meer-rettich, Essig und Zitronensaft darunterrühren und alles etwa 20 Minuten köcheln lassen, bis die Suppe die gewünschte Konsistenz hat. Sie sollte nicht zu dick sein.

Nochmals mit Salz, Pfeffer, Worcestershiresauce oder Zitrone abschmecken. Die Suppe in Schalen füllen, in eine Lunchbox geben oder portionsweise einfrieren. Mit gehacktem Sellerie gar-niert servieren.

Grüner Spargel
mit gehacktem Ei, Senf und Kapern

Für 1 Portion

1 kleines Ei

200 g grüne Spargelspitzen, geputzt

1 TL Dijonsenf

1 TL Kapern

1 Spritzer Zitronensaft

Salz, schwarzer Pfeffer aus der Mühle

Es ist ganz entscheidend, dass Sie an den Fastentagen etwas Schmackhaftes essen. Wenn man wenig isst, muss das nicht bedeuten, weniger lecker zu essen. Dieses leichte Mittagessen, das man natürlich auch zu anderen Tageszeiten genießen kann, fühlt sich nach so viel mehr als 110 Kalorien an – und das hat mit der perfekten Balance der Texturen und Aromen zu tun. Außerdem besitzt es als eine Art Protein-Geheimwaffe – ein Ei! Wenn Sie nicht allein am Tisch sitzen, können Sie die angegebenen Mengen einfach entsprechend multiplizieren.

Das Ei in einen Topf mit kaltem Wasser legen, zum Kochen bringen und 8 Minuten garen. Nachdem das Eierwasser 3 Minuten gekocht hat, eine Pfanne bei mittlerer Temperatur erhitzen und den Spargel hineingeben. Zugedeckt garen und dabei immer wieder die Pfanne schwenken – Wasser ist nicht notwendig!

Das hart gekochte Ei abschrecken, schälen und hacken. In einer kleinen Schüssel mit dem Senf und den Kapern vermengen. Den Spargel währenddessen immer noch in der Pfanne schwenken.

Den Spargel auf einen Teller geben und mit Zitronensaft beträufeln. Mit dem Ei-Senf-Kapern-Dressing garnieren, salzen und pfeffern.

Wassermelonen-Feta-Salat

Für 2 Portionen

400 g gewürfelte Wassermelone*

½ kleine rote Zwiebel, hauchdünn aufgeschnitten

½ kleine rote Chili, entkernt, sehr fein gehackt

8 Minzeblätter, zerzupft

90 g fettarmer Feta, zerbröckelt

abgeriebene Schale von 1 Limette

Der Wassermelonensaft liefert das süße, cremige Dressing für diesen knackigen, frischer-als-frischen Salat, den man problemlos mit zur Arbeit nehmen kann. Die rote Zwiebel verbindet sich bis zur Mittagszeit köstlich mit der Wassermelone – dieser leuchtend rote Salat macht einfach glücklich! Und auch an Nicht-Fastentagen ist er allemal besser als ein fertig gekauftes Sandwich.

Die Wassermelonenwürfel samt dem ausgetretenen Saft in eine Schüssel geben. Behutsam die Zwiebel, die Chili und die Minzeblätter unterheben. Mit dem Feta bestreuen und die Limettenschale darüberreiben. Ta-dah!

* Wenn es eilt, kann man auch auf fertig gekaufte Wassermelonenwürfel zurückgreifen. Es lohnt sich, nach den nahezu kernlosen Mini-Wassermelonen Ausschau zu halten, die neuerdings auch in vielen Supermärkten erhältlich sind.

Lachs und Vollkornpasta
mit Limetten-Gremolata

Für 2 Portionen

60 g Vollkorn-Weizennudeln

4 grüne Spargel-spitzen, geputzt und zerkleinert

50 g Lachsfilet

schwarzer Pfeffer aus der Mühle

einige Spritzer Limettensaft

Für die Gremolata

1 ½ Bund glatt-blättrige Petersilie

abgeriebene Schale von 1 Limette

1 kleine Knoblauch-zehe

Wer sagt, dass man an Fastentagen auf Pasta verzichten muss?! Dieses Nudelgericht kann man warm oder kalt verzehren, in größeren Portionen zubereiten und an den folgenden Tagen mit zur Arbeit nehmen; Sie sollten es jedoch innerhalb weniger Tage essen, da die Kräuter nicht endlos lange frisch bleiben. Nudeln aus Vollkornweizen geben die Energie langsamer ab als Nudeln aus raffiniertem, weißem Mehl und sind somit gesünder. Die Petersilie vertreibt den Knoblauchgeruch aus Ihrem Atem, doch sollten Sie am Nachmittag einen Geschäfts-termin haben, lassen Sie den Knoblauch besser weg. Gremolata wird normalerweise mit Zitronenschale zubereitet, doch für diese Version verwenden wir Limettenschale. Das Auge isst mit: Probieren Sie eine bunte Pastasorte wie die mit Roter Bete oder sonnengetrockneten Tomaten gefärbten – darauf leuchtet der grüne Spargel besonders toll!

Die Nudeln gemäß Packungsangabe in Salzwasser garen. In der letzten Kochminute die Spargelspitzen darin mitgaren. Abgießen, dabei ein wenig Kochwasser auffangen und aufbewahren.

In der Zwischenzeit werden Lachs und Gremolata zubereitet. Das Lachsfilet (wer mag mit einer Scheibe Zitrone) 15 Minuten in leise köchelndem Wasser gar ziehen lassen.

Für die Gremolata die Petersilie fein hacken, die Limettenschale dazureiben und die Knoblauchzehe hineinpressen. Alles vermen-gen und nochmals durchhacken, damit sich die Aromen optimal entfalten und verbinden.

Die Nudeln und den Spargel in einer Schüssel mit der Gremolata vermengen, anschließend den zerpflückten Lachs unterheben. Erscheint das Gericht zu trocken, etwas Nudelwasser hinzugeben. Mit Pfeffer und Limettensaft abschmecken.

Aromatische Hühner-Nudelsuppe

Für 2 Portionen

15 g Ingwer, in Scheiben geschnitten

2 Zacken eines Sternanis

½ rote Chili, entkernt, fein geschnitten

1 EL Tamari

Saft von 1 Limette

100 g Hühnerbrustfilet, ohne Haut

2 Pak Choi oder 4 Baby-Pak-Choi (insgesamt etwa 120 g), halbiert

30 g grüne Bohnen, fein gehackt

55 g Reisnudeln

1 Frühlingszwiebel, gehackt

1 kleines Bund Koriander, gehackt

Manche Fastentage sind wirklich hart, besonders im Winter. Im Sommer genießt man leichte Salate oder Frittatas, aber wenn es draußen ungemütlich kalt ist, braucht man etwas, das von innen wärmt – wie zum Beispiel diese feine Hühner-Nudelsuppe. Das Hühnchenfleisch wird in aromatischer Brühe gegart, die dann wiederum das Kochwasser für die Nudeln bildet – so wie es bei einem perfekten Eintopf der Fall ist. Wer es gerne pikant mag, würzt mit zusätzlicher Chili oder Chiliflocken. Diese Suppe können Sie auch problemlos mit zur Arbeit nehmen: Kochen Sie sie ohne die Nudeln vor und geben Sie diese hinzu, wenn Sie die Suppe im Büro erhitzen.

750 ml kaltes Wasser in einen Topf geben, die Ingwerscheiben, die Sternaniszacken, Chili, Tamari und die Hälfte des Limettensafts hinzufügen. Zum Köcheln bringen. Das Hühnerbrustfilet in den Sud geben und 20 Minuten garen lassen.

Dann das Fleisch aus dem Sud nehmen, den Pak Choi, die Bohnen und die Nudeln in den Hühnersud geben und 4 Minuten garen; in der Zwischenzeit das Hühnerfleisch zerzupfen und in zwei Suppenschalen verteilen.

Die heiße Brühe mit dem Gemüse über das Fleisch geben, mit der Frühlingszwiebel und dem gehackten Koriander bestreuen und mit dem restlichen Limettensaft abschmecken.

Nori-Wraps

Für 2 Wraps

2 Nori-Blätter

½ reife Avocado, zerdrückt

Chilisauce zum Beträufeln

1 eher keine Karotte, grob gerieben

1 Rotkohlblatt, fein gehackt

einige Spinatblätter, gehackt

einige Korianderblätter

+40 6 gegarte Königsgarnelen, gehackt, nach Belieben

Dieses supereinfache Gericht ist ideal zum Mitnehmen in der Lunchbox. Nori-Algen sind unglaublich gesund – ein fantastischer Lieferant von Eisen, Eiweiß, Ballaststoffen und Jod (gerade Letzteres ist in natürlichen Quellen sonst nicht einfach zu finden) sowie einer Menge weiterer Mineralstoffe. Das Rollen dieser Wraps lohnt sich definitiv – auch an Nicht-Fastentagen!

Für die Füllung gibt es unendlich viele Variationen, doch idealerweise sollte etwas Cremiges, leicht Klebriges dabei sein, um das Ganze zusammenzuhalten (hier ist es die zerdrückte Avocado, aber auch Hummus oder einfach nur Tahinipaste funktionieren gut), kombiniert mit etwas Frischem, Knackigem und einen ganz besonderen Aromakick. Vermeiden Sie allzu Feuchtes, da die Wraps sonst schnell durchweichen und auseinanderfallen würden.

Die Nori-Blätter mit der zerdrückten Avocado bestreichen, und zwar bis zu den Kanten, da sie so beim Rollen gut zusammenkleben. Nicht zu dick bestreichen, sonst weichen die Algen durch. Dann mit Chilisauce beträufeln.

Anschließend die Karotten, den Kohl, den Spinat, einige Korianderblätter und, wer mag, die Garnelen schichtweise auf den Nori-Blättern verteilen und diese eng zusammenrollen. Fertig! Ab in die Lunchbox, und auf geht's! Wer möchte, schneidet die unregelmäßigen Kanten glatt, schneidet die Wraps in Scheiben oder halbiert sie.

Süßkartoffel-Rösti
mit Spiegelei

Für 2 Portionen

220 g Süßkartoffel, gerieben

1 Prise geräuchertes Paprikapulver

1½ EL gehackter Thymian

Salz, schwarzer Pfeffer aus der Mühle

1 TL Kokosöl

2 mittelgroße Eier

Mit diesem Gericht geht in Ihrer Mittagspause die Sonne auf. Intensive Aromen kitzeln den Gaumen, die in den Süßkartoffeln enthaltenen Ballaststoffe sättigen gut, und die Proteine des Eis bringen Sie optimal durch den Nachmittag.

Die geriebenen Süßkartoffeln mit dem Paprikapulver und dem Thymian vermengen, salzen und pfeffern.

Das Kokosöl in einer beschichteten Pfanne bei mittlerer Temperatur schmelzen.

Die Süßkartoffelmasse in die Pfanne geben und gut umrühren, sodass sie rundum vom Öl umhüllt ist. Einige Minuten anbraten, dann zugedeckt und unter häufigem Umrühren 10–15 Minuten in der Pfanne garen.

Sind die Kartoffeln gar und weich (aber noch nicht breiartig), den Deckel abnehmen und die Kartoffelmasse mit einem Löffelrücken in die Pfanne drücken, sodass überschüssige Flüssigkeit entweicht und die Masse schön zusammenhält. Weitere 5 Minuten braten, dabei abwechselnd umrühren und festdrücken. Die Masse auf eine Seite der Pfanne schieben, einen Schuss Wasser in die Pfanne geben, die Eier in die Pfanne schlagen und nach Wunsch braten.

Die Kartoffelmasse gleichmäßig in zwei Ringe oder Auflaufförmchen verteilen (oder einfach nur auf die Teller geben), die Spiegeleier darauf anrichten, salzen und pfeffern.

Vietnamesischer Garnelensalat

Für 2 Portionen

1 mittelgroße Zucchini

1 mittelgroße Karotte

1 kleine Gurke

1 ½ Bund Minze, gehackt

½ Bund Koriander, gehackt

2 Frühlingszwiebeln, gehackt

1 kleine rote Chili, entkernt, gehackt

150 g gegarte Königsgarnelen, geschält und entdarmt

6 gesalzene, geröstete Erdnüsse, grob zerkleinert

Für das Dressing

Saft von 1 Limette

2 EL Tamari

2 TL Chiliflocken

1 TL Honig

Ich wette, Sie fragen sich, wann endlich der Spiralschneider zum Einsatz kommt! Nun, in diesem Rezept stellt er seine hohe Kunst zur Schau. Kaum zu glauben, dass ein so aromatischer Salat so wenige Kalorien hat (das Geheimnis liegt im pikanten Dressing) und soooo köstlich riecht! Die Garnelen geben ihm einen Hauch von Luxus, den man an den entbehrungsreichen Fastentagen so dringend braucht. Die Mengenangaben lassen sich bei diesem Salat problemlos multiplizieren oder teilen – achten Sie nur darauf, dass Sie ihn immer kühl stellen.

Zucchini, Karotte und Gurke mit dem Spiralschneider in hauchdünne lange Streifen schneiden. Falls Sie keinen Spiralschneider besitzen, stellen Sie die Streifen mit dem Gemüseschäler her. Die Gemüsestreifen in eine große Schüssel geben.

Minze und Koriander, die Frühlingszwiebeln und die Chili hinzufügen.

Die Garnelen jeweils dritteln und zu dem Salat geben. Alle Zutaten behutsam mischen, sodass sie sich gleichmäßig verteilen.

Alle Zutaten zum Dressing mit 1 EL Wasser verrühren und über den Salat verteilen, unterheben. Den Salat auf Teller verteilen und mit den zerkleinerten Erdnüssen garnieren.

Salat aus dem Einmachglas

Für 1 Portion

Für das Dressing

Saft und abgeriebene Schale von ½ Zitrone

½ EL Olivenöl

Salz, schwarzer Pfeffer aus der Mühle

Für den Salat

1 EL gehackte rote Zwiebel

50 g Kichererbsen aus der Dose oder dem Glas, abgetropft

50 g Gurke, geschält, fein gewürfelt

4 Kirschtomaten, halbiert

40 g Mini-Mozzarelline

1 EL Sonnenblumenkerne

½ Bund Basilikum

15 g Rucola

Es geht nicht darum, dass die ganze Welt Ihren Salat im Schraubglas bestaunen kann, die Idee ist vielmehr, dass man den Salat im Voraus zubereiten kann. Indem alle Zutaten schichtweise eingefüllt werden, verhindert man ein vorzeitiges Durchweichen der empfindlichen Salatblätter. Sie können für diesen Salat praktisch verwenden, was Sie möchten – es muss nur richtig geschichtet werden!

Wer keinen Mozzarella mag, ersetzt ihn durch 90 g gegarte und in Scheiben geschnittene Hühnerbrust, die denselben Kaloriengehalt hat – oder man lässt den Käse ersatzlos weg. Die vegane Salatvariante kommt auf 185 kcal. Verzichtet man außerdem auf das Öl im Dressing (oder verwendet stattdessen etwas mehr Zitronensaft), spart man weitere 20 kcal pro Portion.

Zuerst die Zutaten zum Dressing mit einen Schuss Wasser verrühren und zuunterst in das Glas (oder die Lunchbox) füllen.

Darauf kommt die Zwiebel. Da sie im Dressing ziehen kann, ist sie bis zur Mittagspause schön mild.

Als nächste Schichten folgen die Kichererbsen, die gewürfelte Gurke, die Tomaten und die Mini-Mozzarelline. Darauf streut man die Sonnenblumenkerne. Als letzte Schichten kommen Basilikum und Rucola darauf. Dann das Glas mit einem Schraubdeckel verschließen.

Kurz vor der Essenszeit das Glas umdrehen und leicht schütteln, sodass das Dressing alle Zutaten erreicht. Dann den Deckel entfernen und den Salat auf einen Teller geben oder – noch einfacher – gleich direkt aus dem Glas essen. Kinderleicht!

Burrito Bowls

Für 2 Portionen

50 g weißes oder rotes Quinoa (oder eine Mischung aus beidem)

80 g schwarze Bohnen aus der Dose, abgetropft

½ rote Paprika, entkernt, in Streifen geschnitten

½ kleine rote Zwiebel, in Streifen geschnitten (etwa gleiche Länge wie die Paprika)

80 g Mais aus der Dose, abgetropft

½ reife Avocado

Saft von 1 Limette

1 kleines Bund Koriander, gehackt, zum Servieren

+80 *Für das Hühnchen*

½ EL Olivenöl

100 g Hühnerbrustfilet ohne Haut, in Streifen geschnitten

1 TL geräuchertes Paprikapulver

1 TL Chiliflocken

schwarzer Pfeffer aus der Mühle

An Nicht-Fastentagen oder wenn Sie Ihr Kalorien-Budget noch nicht aufgebraucht haben, können Sie die Burrito Bowls mit zerbröselten Nachos, mit Tortillastückchen oder mit etwas Käse aufpeppen. Dieses Gericht ist in Sachen Proteine und Nährstoffe sehr gut ausbalanciert. Wer es pikant mag, garniert jede Portion mit feinen Ringen von Jalapeño-Chilis – für nur etwa 5 zusätzliche kcal. Wer Kalorien sparen möchte, lässt das Huhn weg.

Das Quinoa mit 250 ml kaltem Wasser in einen Topf geben. Zum Kochen bringen und dann bei reduzierter Hitze zugedeckt 15 Minuten köcheln lassen, bis die Körner weich und fluffig, aber nicht trocken sind. Abgießen und abkühlen lassen.

In der Zwischenzeit für das Hühnchen das Öl in einer Pfanne erhitzen, die Fleischstreifen dazugeben und im Öl wenden. Paprikapulver, Chiliflocken und Pfeffer hinzufügen und 10 Minuten unter häufigem Rühren goldbraun und gar braten.

Die schwarzen Bohnen in kochendem Wasser etwa 7 Minuten garen, abgießen und abtropfen lassen.

Das gegarte Hühnerfleisch auf einen Teller geben. Paprika und Zwiebel in die Pfanne zu dem pikanten Öl geben, zurück auf den Herd stellen; falls nötig etwas Wasser hinzufügen. Das Gemüse weich, aber nicht zu weich schmoren.

Die Avocado mit der Hälfte des Limettensafts zerdrücken.

Zum Anrichten das Quinoa in zwei Essschalen verteilen, das Hühnerfleisch, die Paprikamischung, die schwarzen Bohnen und den Mais daraufgeben. Das Avocadopüree danebensetzen und alles mit dem restlichen Limettensaft beträufeln. Mit dem gehackten Koriander garnieren.

Grünkohl und Feta mit Eiern vom Blech

Für 4 Portionen

180 g geputzter, gehackter Grünkohl, holzige Teile entfernt

6 kleine Eier

1 EL Milch

Salz, schwarzer Pfeffer aus der Mühle

1 TL Chiliflocken

90 g Feta, grob zerbröselt

pro Portion
1 Handvoll grüne Salatblätter

Diese köstliche Eierspeise vom Blech erinnert an eine Frittata, nur dass die Eier im Ofen auf einem Blech garen und nicht auf dem Herd in einer Pfanne. So ist es noch etwas einfacher. Da es an den Fastentagen darum geht, Fett und somit Kalorien zu sparen, sollten Sie ein gutes beschichtetes Blech verwenden – andernfalls enden Sie mit einer Art Mischung aus Rührei und Omelett, was zwar nicht schlecht ist, aber trotzdem nicht ganz das, worauf wir hier hinauswollen ... Das Rezept ergibt vier Portionen, die sich im Kühlschrank jedoch einige Tage halten und auch wunderbar in der Lunchbox transportieren lassen.

Den Ofen auf 180 Grad vorheizen. Den Grünkohl zusammen mit einem Schuss Wasser in einem Topf zugedeckt 5–6 Minuten dünsten, bis er zusammenfällt; durch häufiges Rühren gart er gleichmäßig. Dann die überschüssige Flüssigkeit abgießen.

Die Eier in einer Schüssel mit der Milch verrühren, salzen, pfeffern und mit den Chiliflocken würzen.

Den Grünkohl unter die Eiermilch heben, dann die Masse auf ein beschichtetes Backblech oder in eine Auflaufform geben. Blech oder Form müssen mindestens 3 cm hoch und etwa 20 cm im Quadrat sein, aber die Größe spielt hier keine entscheidende Rolle – ist der Behälter größer, wird die Frittata eben flacher.

Den Feta auf der Ei-Grünkohl-Masse verteilen und etwas einsinken lassen. Im vorgeheizten Ofen 15–20 Minuten backen, bis die Masse gestockt, aber in der Mitte noch weich und auf der Oberfläche hell gebräunt ist.

Mindestens auf Raumtemperatur abkühlen lassen, dann in Portionsstücke aufschneiden und mit dem Salat servieren (oder in die Lunchbox packen).

Wildreissalat
mit Garnelen und Mango

Für 1 Portion

25 g rohe Wild-
reismischung

65 g Mango,
fein gehackt

55 g gegarte
Königsgarnelen,
geschält und
entdarmt, fein
gehackt

½ kleine Chili,
entkernt, fein
gehackt

1 Frühlingszwiebel,
fein gehackt

1 kleine Handvoll
Koriander und
Minze gemischt,
fein gehackt

2 EL Granatapfel-
kerne

Saft und
abgeriebene Schale
von ½ Limette

Kaum zu glauben, dass dieser Salat nur 200 kcal hat. Mit seinem ungewöhnlich nussigen Geschmack und seiner kernigen Konsistenz bereichert ihn der Wildreis Biss für Biss; samtig-süße Mango, saftige Garnelen und säuerliche, knackige Granatapfelkerne machen den Genuss perfekt. Wildreis besitzt zudem viele sättigende Ballaststoffe, und auch das Eiweiß der Garnelen sorgt für ein anhaltendes Sättigungsgefühl. Diesen Salat kann man wunderbar im Voraus zubereiten und in der Lunchbox mit ins Büro nehmen – achten Sie nur darauf, dass er gut gekühlt ist.

Den Wildreis in kochendem Wasser etwa 25 Minuten oder laut der Packungsangabe bissfest garen. Wildreis ist bissfester als gewöhnlicher weißer oder Vollkornreis.

Den gegarten Wildreis unter fließendem kaltem Wasser abkühlen und gut abtropfen lassen. Dann in einer Schüssel mit der gehackten Mango, den zerkleinerten Garnelen, der Chili, der Frühlingszwiebel, den Kräutern und den Granatapfelkernen vermischen. Mit der abgeriebenen Limettenschale bestreuen und mit Limettensaft beträufeln.

Salat von Feigen und Ziegenkäse

mit Balsamico-Reduktion

Für 1 Portion

3 reife mittelgroße Feigen

20 g Ziegenkäse, in Stücke oder Scheiben geschnitten

1 TL Thymianblätter oder einige ganze Zweige

1 TL reduziertes Balsamicodressing (Seite 23)

Hier kann man kaum von einem eigentlichen Rezept sprechen – dafür ist es viel zu einfach und zu schnell. Aber manchmal will man gerade an den Fastentagen nicht lange in der Küche stehen und ans Essen denken. Diesen Salat können Sie problemlos in der Lunchbox zur Arbeit mitnehmen – der cremige Ziegenkäse sieht nach viel mehr aus als nach einem entbehrungsreichen Fastentag.

Die Feigen in Stücke schneiden und auf einen Teller oder in eine Schüssel (oder die Lunchbox) geben. Mit dem Käse garnieren und mit den Thymianblättern bestreuen. Das Balsamicodressing darüberträufeln – voilà! Schmeckt wie Urlaub unter südlicher Sonne.

Poke Bowls

Für 2 Portionen

100 g absolut
frischer Thunfisch
(Sashimi-Qualität),
in Stücke
zerkleinert

100 g Gurke,
geschält, gewürfelt

70 g ausgelöste
Edamame-Bohnen

5 Radieschen,
hauchdünn
geschnitten

40 g Wakame
(sauer eingelegtes
Seegras) oder
geriebene Karotte

2 EL eingelegter
Ingwer

*Für die Marinade/
Dressing*

1 ½ EL Tamari

1 TL Reisweinessig

1 TL Sesamöl

1 TL schwarze
(oder weiße)
Sesamkörner

½ TL sehr fein
gehackte rote Chili

2 Frühlings-
zwiebeln, sehr fein
gehackt

einige Koriander-
blätter

Bei einer Reise nach New York wurde mit kürzlich klar, dass Poke Bowls wirklich mega angesagt sind. An jeder Ecke sah ich einen Poke-Pop-up-Store. Als Sushi-Fan konnte ich nicht genug bekommen von diesen köstlichen Salatschalen. Die Grundlage ist einfach: sehr frischer roher Fisch (gewöhnlich Thunfisch oder Lachs), kombiniert mit pikanten Umami-Extras wie Seegras oder Algen, Avocado, gebratenen Schalotten und Reis. Und hier ist nun meine Low-Carb-Interpretation. Beachten Sie, dass der Thunfisch sehr, sehr frisch sein muss, damit man ihn roh verzehren kann. Kaufen Sie ihn bei einem guten Fischhändler oder an der Fischtheke.

Die Zutaten zur Marinade in einer flachen Schüssel verrühren. Die Thunfischstücke hineingeben und 10 Minuten ziehen lassen.

Sämtliche Salatzutaten in einer Schüssel vermischen und den marinierten Thunfisch darauf anrichten. Mit der Marinade beträufeln und servieren. Diesen Salat kann man perfekt im Voraus zubereiten und einige Stunden im Kühlschrank aufbewahren.

Quinoasalat mit Feta, Erbsen und Minze

Für 1 Portion

35 g weißes oder rotes Quinoa (oder eine Mischung aus beidem)

1 Handvoll Minzeblätter, fein gehackt, einige kleine ganz belassen

Saft und abgeriebene Schale von 1 Zitrone

½ kleine rote Chili, wer mag entkernt, fein gehackt

30 g tiefgekühlte Erbsen, aufgetaut

25 g Feta, klein gewürfelt

schwarzer Pfeffer aus der Mühle

An Fastentagen müssen die Gerichte nicht farblos sein – im Gegenteil! Mahlzeiten wie dieser bunte, eiweißreiche Salat erfreuen das Auge und den Gaumen. Die Erbsen können Sie durch Edamame-Bohnen ersetzen, wenn Sie die lieber mögen und problemlos bekommen; auch gehackte Frühlingszwiebeln peppen den Salat zusätzlich auf. Dabei jedoch nicht die Kalorienanzahl aus dem Blick verlieren. Sie können diesen köstlichen Salat auch in größeren Mengen zubereiten und ein paar Tage lang davon essen.

Das Quinoa in einem kleinen Topf in 125 ml kaltem Wasser bei hoher Temperatur zum Kochen bringen und anschließend bei mittlerer bis niedriger Hitze zugedeckt 15 Minuten weich und locker-leicht garen. Dabei immer im Auge behalten – es sollte nicht austrocknen.

Das Quinoa abgießen, abtropfen lassen und in eine Schüssel geben. Die Minzeblätter behutsam unterheben, sie sollen durch die Restwärme etwas weicher werden. Mit dem Zitronensaft beträufeln, die Chili, die aufgetauten Erbsen und den Feta unterheben.

Den Salat mit der abgeriebenen Zitronenschale bestreuen und mit schwarzem Pfeffer würzen.

Thailändischer Rindfleischsalat

Für 2 Portionen

½ TL Kokosöl

225 g sehr mageres Rindersteak

Salz, schwarzer Pfeffer aus der Mühle

½ Bund Basilikum (wenn möglich Thai-Basilikum)

1 ½ Bund Minze

½ Bund Koriander

40 g Rucola

1 kleine Gurke, geschält, in hauchdünne Streifen geschnitten

½ kleine rote Zwiebel, fein geschnitten

100 g Sojabohnensprossen

Für das Dressing

Saft von 1 Limette

1 EL Fischsauce

½ TL brauner Zucker

1 kleine rote Chili, entkernt, fein gehackt

Dieser Salat ist das perfekte Beispiel für ein absolut gelungenes »Fastenmahl«. Dressing und Kräuter geben ihm maximales Aroma; frische Chili ist ein besonderer Kick für die Geschmacksknospen, und das Rindfleisch ist an einem Fastentag ein besonderer kulinarischer Luxus. Ein weiteres Plus: Der Salat lässt sich gut im Voraus zubereiten – das Dressing kommt erst kurz vor dem Servieren hinzu, damit er nicht durchweicht.

Wenn Sie kein rotes Fleisch essen, sparen Sie automatisch Kalorien. Oder Sie ersetzen das Rindfleisch durch 150 g gegarte Garnelen, die Sie natürlich nicht in Kokosöl braten müssen – wieder 120 kcal gespart. Ein gutes Argument für die Schalentiere!

Eine beschichtete Pfanne mit dem Kokosöl einfetten. Die Pfanne bei mittlerer bis hoher Temperatur erhitzen. Das Steak von beiden Seiten salzen und pfeffern und in der Pfanne 3 Minuten (ohne es zu bewegen) braten; wenden und weitere 2–3 Minuten braten (je nach Dicke des Fleisches und persönlichen Garvorlieben). Aus der Pfanne nehmen und 5 Minuten ruhen bzw. abkühlen lassen; in dieser Zeit den Salat zubereiten.

Die Zutaten zum Dressing in einer kleinen Schüssel gründlich verrühren.

Die Kräuter, den Rucola, die Gurkenstreifen, die Zwiebel und die Sprossen vermischen und anschließend mit dem Dressing vermengen.

Das Steak schräg in schmale Streifen schneiden. Den Salat in zwei Schalen oder tiefe Teller verteilen und darauf das Fleisch anrichten. Mit dem Dressing aus der Salatschüssel beträufeln.

Dinner

Für die meisten 5:2-Fastenden ist das Abendessen die verdiente Belohnung für einen erfolgreichen Fastentag. Wenn man tagsüber viele Kalorien gespart hat, kann man sich abends guten Gewissens mit der Familie an den Tisch setzen und die Mahlzeit genießen, anstatt wie ein hungriger Labrador auf die Teller der anderen zu starren. Die meisten der folgenden Rezepte sind so konzipiert, dass man sie mit einigen Extras wie Reis, Brot oder einem großen Salat servieren kann. Diese Beilagen gehören natürlich nicht auf Ihren Fastentagsteller, machen aber Ihre Mitessenden glücklich. Und vielleicht auch Sie an den Nicht-Fastentagen. Viele der folgenden Gerichte lassen sich perfekt im Voraus zubereiten und einfrieren oder vorbereiten und in letzter Minute anrichten – denn wie wir wissen, ist gute Organisation an den Fastentagen der Schlüssel zum Erfolg.

Süßkartoffel-Linsen-Curry

Für 4 Portionen

1 kleine Zwiebel, gehackt

1 Knoblauchzehe, gehackt

1 TL gemahlene Kurkuma

1 TL gemahlener Koriander

1 TL Kreuzkümmelsamen

1 TL gemahlener Ingwer

½ TL Chiliflocken

15 g geriebener frischer Ingwer

75 g rote Linsen

170 g Süßkartoffeln, geschält, grob gehackt

400 g gehackte Dosentomaten

50 g Spinatblätter

Zum Servieren

1 Frühlingszwiebel, gehackt

einige Zweige Koriander

Saft von ½ Zitrone

Ideal zum Vorkochen und portionsweisen Einfrieren. Wenn Sie speziell zum Einfrieren vorkochen, folgen Sie den Zubereitungsschritten bis vor dem Hinzufügen des Spinats, dann das Gericht abkühlen lassen und in den Tiefkühler geben. Auftauen, erhitzen (wenn die Masse zu trocken ist, etwas Wasser dazugeben) und den Spinat erst kurz vor dem Servieren unterheben. Dieses Gericht ist eine tolle Familienmahlzeit – alle Nicht-Fastenden bekommen dazu Reis oder Brot. Wenn Sie noch einige aufgesparte Kalorien übrig haben, können Sie sich einen Klecks Joghurt dazu gönnen.

Die Zwiebel und den Knoblauch in einem tiefen Topf mit etwas Wasser etwa 5 Minuten weich und glasig dünsten (bräunen werden Zwiebel und Knoblauch im Wasser nicht). Die Gewürze und den geriebenen Ingwer darunterrühren und etwa 30 Minuten mitgaren.

Die Linsen und die Süßkartoffeln einrühren, bis alle Zutaten mit der pikanten Gewürzmischung umhüllt sind. Die gehackten Tomaten unterrühren, dann die leere Konservendose mit Wasser füllen und dieses ebenfalls in den Topf geben. Bei erhöhter Temperatur das Curry 15–20 Minuten köcheln lassen, bis die Linsen und die Kartoffeln weich sind.

Den Spinat unterheben und etwa 30 Sekunden zusammenfallen lassen – nicht zu lange mitkochen, da er sonst schleimig wird.

Das Curry in vier Essschalen verteilen, mit der gehackten Frühlingszwiebel und Korianderblättern bestreuen und mit etwas Zitronensaft beträufeln.

Zucchinispaghetti
mit cremigem Mandelpesto

Für 2 Portionen

2 Zucchini, mit dem Spiralschneider oder dem Gemüseschäler in dünne Streifen geschnitten

Für das Pesto

1 EL Mandeln

½ Knoblauchzehe

30 g Basilikum

1 EL geriebener Parmesan

Saft von 1 Zitrone

Salz, schwarzer Pfeffer aus der Mühle

einige Basilikumblätter zum Garnieren

Hier ist er wieder, unser guter alter Freund, der Spiralschneider. Dies ist eines der Gerichte, das Sie definitiv auch an Nicht-Fastentagen lieben werden. Auch wenn die Käsemenge eher klein erscheint, entfaltet der Parmesan einen sehr intensiven Geschmack. Diese Mahlzeit eignet sich auch perfekt für die Lunchbox – vor allem an heißen Tagen ein Genuss! Nicht-Fastende bekommen dazu gebratene Lammsteaks.

Alle Pestozutaten im Blitzhacker zu einer glatten Masse verarbeiten, salzen und pfeffern. Falls das Pesto zu trocken erscheint, etwas Wasser zugeben.

Eine Pfanne (mit Deckel) bei mittlerer Temperatur erhitzen und darin die Zucchini-Streifen durch erwärmen. Dann bei geschlossenem Deckel etwa 4 Minuten schmoren, bis das Gemüse im eigenen Saft etwas weicher wird, aber nicht durchweicht. Dabei den Deckel ab und an lüften und die Zucchini wenden, sodass sie gleichmäßig garen. Anschließend das Pesto einrühren und etwa 1 Minute durch erwärmen. Mit Basilikumblättern garniert servieren.

Gemüse-Bohnen-Suppe

Für 4 Portionen

2 Zwiebeln, fein
gehackt

2 Stangen Sellerie,
fein gehackt

400 g Cannellini-
bohnen aus der
Dose, abgespült
und abgetropft
(240 g Abtropf-
gewicht)

Salz, schwarzer
Pfeffer aus der
Mühle

200 g Grünkohl,
gehackt, harte Teile
entfernt

150 g Spinat

20 g Parmesan

+25 *Für die »Croûtons«*

18 Mandeln

1 ½ EL Tamari

Winter ist eine schwierige Zeit für Diäten – in den kalten
Monaten würde man sich am liebsten in Blätterteig-Pies und
Crumbles vergraben. Aber was sein muss, muss sein – denken
Sie einfach ans Weihnachtsmenü! Diese köstliche Gemüse-
suppe lässt sich ideal vorkochen und portionsweise einfrieren.
An Nicht-Fastentagen servieren Sie sie mit Krustenbrot –
oder sogar einem Käsetoast. Anstelle der Mandel-»Croûtons«
können Sie auch etwas Speck knusprig braten und damit die
Suppe verfeinern.

In einem mittelgroßen Topf die Zwiebeln und den Sellerie mit
1 Schuss Wasser bei mittlerer Temperatur etwa 10 Minuten
weich und glasig dünsten.

Die Bohnen zusammen mit 1 l Wasser in den Topf geben, salzen
und reichlich pfeffern. 10 Minuten köcheln lassen, dann den Grünkohl und den Spinat hinzufügen. 5 Minuten mitkochen, bis die
Blätter zusammengefallen sind – jedoch nicht zu lange kochen,
weil das Gemüse sonst schleimig wird. Die Suppe mit dem Mixstab oder im Mixer pürieren.

In der Zwischenzeit die Mandeln in einer Pfanne bei mittlerer
bis hoher Temperatur etwa 1 Minute trocken rösten; dabei stän-
dig schwenken. Die Mandeln sollten schön bräunen und gut
duften – aber aufpassen, dass sie nicht verbrennen. Dann das
Tamari dazugeben und zügig umrühren, bis alle Mandeln damit
umhüllt sind. Die Mischung wird Blasen werfen und etwas
klebrig werden. Die Mandeln auf ein Brett geben und grob hacken.

Die Suppe mit den Mandeln bestreuen, dazu Parmesan und
zusätzlichen Pfeffer reichen. Oder abkühlen lassen und portionsweise einfrieren. Dann auftauen, gründlich durchhitzen; dann
erst die Mandeln rösten und den Parmesan darüberreiben.

Garnelen-Sommerrollen
mit Dip

Für 4 Rollen
(2 Rollen und
½ Dip pro Portion)

25 g sehr dünne
getrocknete
Reisnudeln

4 Reispapierblätter
à 20 cm
Durchmesser

6 gegarte Garnelen,
geschält, entdarmt,
längs halbiert

12 Minzeblätter,
gehackt

2 Blätter Romana-
oder Eisbergsalat,
gehackt

½ Karotte, streich-
holzgroß gestiftelt

4 Radieschen,
streichholzgroß
gestiftelt

¼ Gurke, geschält,
entkernt, streich-
holzgroß gestiftelt

+ 21 *Für den Nuoc-
Cham-Dip*

Saft von 1 Limette

2 EL Fischsauce

2 TL brauner
Zucker

½ Knoblauchzehe,
gepresst

1 kleine rote Chili,
entkernt, fein
gehackt

Davon kann ich einfach nicht genug bekommen! Sie sind soooo gut. Gesund, frisch, knackig und aromatisch – und der pikante Dip ist unschlagbar. Mit etwas Übung funktioniert auch das Einweichen und Rollen der Reispapierblätter wunderbar. Als Füllung können Sie verwenden, was Sie mögen. Die Garnelen können Sie weglassen oder durch gegartes, fein geschnittenes Hühnerfleisch oder Avocado ersetzen. Die Rollen eignen sich prima für die Lunchbox. Den Dip transportieren Sie in einem separaten kleinen Deckelgefäß.

Alle Zutaten sollten fertig vorbereitet zur Hand sein. Die Reisnudeln in einer Schüssel mit heißem Wasser einweichen, dann abgießen.

Nacheinander jeweils ein Reispapierblatt 5–10 Sekunden in eine Schüssel mit warmem Wasser tauchen, bis es etwas weich wird – nicht zu weich, da es sonst beim Rollen auseinanderfällt.

Das Reispapierblatt auf einen Teller legen (nicht auf ein Holzbrett, denn dort klebt es fest), 3 Garnelenhälften an ein Ende legen, einen etwa 2 cm breiten Rand frei lassen. Jeweils ein Viertel der Minze, der Nudeln, des Salats, der Karotten, der Radieschen und der Gurke auf dem Reispapierblatt auftürmen – nicht zu viel hincinpacken, da sich das Blatt sonst nicht mehr gut rollen lässt bzw. aufplatzt. An der zu Ihnen gerichteten Kante beginnend aufrollen; dabei die seitlichen Kanten einklappen, damit die Füllung nicht herausfällt. Mit den restlichen Reispapierblättern und Zutaten ebenso verfahren.

Alle Dip-Zutaten in einer Schüssel verrühren. Abschmecken und falls nötig mit etwas zusätzlichem Zucker oder Limettensaft nachwürzen (dies verändert die Kalorienzahl, aber nicht wesentlich).

Sternchensuppe mit Huhn und Brokkoli

Für 4 Portionen

1 EL Olivenöl

3 Frühlings-
zwiebeln, gehackt

1 Knoblauchzehe,
gehackt

1 Prise Chiliflocken

1 Kopf Brokkoli
(330 g), in Röschen
zerteilt,
Stiele gehackt

Salz, schwarzer
Pfeffer aus der
Mühle

2 Lorbeerblätter

120 g Hühner-
brustfilet ohne
Haut

140 g Sternchen-
oder Orzo-Nudeln

1 kleines Bund
glattblättrige
Petersilie

Eine Suppe tut immer gut, aber Nudelsuppe ist noch eine Steigerung, die sich nach einer kompletten Mahlzeit anfühlt. Kleine Sternchennudeln oder Stelline sind außerdem ein hübscher Anblick, der insbesondere an Fastentagen Freude macht – denn wie wir wissen, isst das Auge mit. Sie können natürlich auch andere Nudelsorten oder auch Reis verwenden. Wenn Sie die Suppe einfrieren wollen, bereiten Sie sie bis zum Pürieren der Brokkolisuppe vor – Huhn und Pasta fügen Sie erst hinzu, wenn Sie die Suppe tatsächlich verzehren.

In zwei Töpfen Wasser zum Kochen bringen. In der Zwischenzeit das Öl in einem separaten mittelgroßen Topf erhitzen und darin Frühlingszwiebeln, Knoblauch und Chiliflocken 2–3 Minuten braten. Die Brokkoliröschen und -stiele dazugeben und umrühren, sodass sie mit dem Knoblauchöl umhüllt sind. Dann mit 900 ml Wasser aufgießen, großzügig salzen und pfeffern. 15–20 Minuten köcheln lassen, bis der Brokkoli gerade weich ist – mit einer Messerspitze hineinstechen, um die Festigkeit zu prüfen.

In der Zwischenzeit die Lorbeerblätter in einen der beiden mit kochendem Wasser gefüllten Töpfe geben und darin das Hühnerfilet 15–10 Minuten pochieren, bis es gar ist. Herausnehmen und auf einem Brett zerzupfen.

In den anderen Topf mit kochendem Wasser 1 Prise Salz geben und die Sternchennudeln 7–8 Minuten (oder laut Packungsangabe) garen, abgießen und abtropfen lassen.

Wenn alles fertig ist, die Brokkolisuppe mit dem Mixstab fein pürieren. Falls sie zu dünn erscheint, zurück in den Topf füllen und einige Minuten einkochen lassen. Dann die Nudeln einrühren. Die Suppe in Schälchen füllen und das Hühnerfleisch darauf verteilen. Mit gehackter Petersilie bestreuen.

Huhnsalat mit Nektarine, Rucola und Walnüssen

Für 2 Portionen

1 Hühnerbrustfilet ohne Haut (ca. 150 g)

2 Zweige Thymian, zusätzlich einige Blättchen zum Servieren

2 süße, reife Nektarinen (insgesamt 270 g)

35 g Rucola

35 g Brunnenkresse, große Blätter zerzupft und dicke Stiele entfernt

4 Walnusshälften, zerkleinert

Dieser köstliche, leichte Salat ist an Fastentagen genau das richtige Abendessen. Viel Eiweiß macht ihn sättigend, die Nektarinen liefern eine samtige Textur, das saftig-süße Dressing schmeichelt dem Gaumen, Rucola und Kresse geben einen pfeffrig-scharfen Kick, während die Walnüsse für einen knackigen Biss sorgen. Einfach perfekt! Wenn Sie die Walnüsse weglassen, reduziert sich die Kalorienzahl pro Portion auf 160.

Zuerst das Hühnerfilet garen. Dazu Wasser in einem Topf mit einigen Thymianzweigen zum Kochen bringen und das Fleisch darin etwa 20 Minuten pochieren, bis es durchgegart ist. Aus dem Wasser nehmen und zerzupfen.

In der Zwischenzeit die Nektarinen entsteinen und in Scheiben schneiden; den austretenden Saft auffangen.

Rucola und Kresse vermischen und auf zwei Teller verteilen. Darauf die Nektarine und das Hühnerfleisch anrichten und mit dem aufgefangenen Nektarinensaft beträufeln. Mit den Walnüssen und dem zusätzlichen Thymian bestreuen.

Pikantes Blumenkohl-Dal
mit frischem Mango-Chutney

Für 2 Portionen

450 g Blumenkohl, in größere Röschen zerteilt

2 TL Sumach

2 TL Kreuzkümmelsamen

Salz, schwarzer Pfeffer aus der Mühle

Für das Dal

1 Zwiebel (100 g), gehackt

15 g frischer Ingwer am Stück

1 Prise Chiliflocken

1 TL gemahlener Kreuzkümmel

2 TL gemahlener Koriander

1 TL gemahlene Kurkuma

schwarzer Pfeffer aus der Mühle

100 g rote Linsen

65 g Spinatblätter

100 ml ungesüßte Mandelmilch

einige Zweige Koriander

Saft von ½ Zitrone

Sie können die angegebenen Mengen für das Dal verdoppeln und das Dal einfrieren – Sie können auch den Blumenkohl garen und einfrieren, doch besser schmeckt er frisch zubereitet. Bei größeren Mengen verlängert sich die Kochzeit (rechnen Sie mit 40–45 Minuten). An Nicht-Fastentagen können Sie den Blumenkohl mit etwas Kokosöl zubereiten; wenn Ihre Familie mitisst, reichen Sie als Beilage Reis, Papadams oder Weißbrot.

Den Ofen auf 190 Grad vorheizen.

Den Blumenkohl waschen und die Röschen in noch feuchtem Zustand auf einem Backblech verteilen. Mit Sumach, Kreuzkümmelsamen, Salz und Pfeffer bestreuen und mischen. Durch das Wasser haften die Gewürze am Gemüse; außerdem fördert die Feuchtigkeit auch das Dämpfen. Im vorgeheizten Ofen 30–40 Minuten schmoren; die Röschen dabei immer im Auge behalten und auf dem Blech wenden, sodass sie gleichmäßig garen.

In der Zwischenzeit das Dal zubereiten. Die Zwiebel in einem Topf zusammen mit einem Schuss Wasser bei mittlerer Temperatur etwa 8 Minuten weich und glasig dünsten, darauf achten, dass sie nicht zu trocken wird, falls nötig noch etwas Wasser hinzufügen. Den Ingwer reiben, zusammen mit den trockenen Gewürzen hinzufügen und unter Rühren 30 Minuten mitschmoren. Dann die Linsen dazugeben und in der Gewürzmischung umrühren; mit 450 ml Wasser aufgießen. Aufkochen, dann etwa 30 Minuten köcheln lassen, bis sie weich sind und sich die Flüssigkeit reduziert hat.

Während das Dal köchelt, das Mango-Chutney zubereiten. Dazu die Mango schälen und nicht zu fein zerkleinern. Die Frühlingszwiebel in Scheiben schneiden. Mango und Frühlingszwiebeln zusammen mit den restlichen Zutaten zum Chutney vermengen.

Für das Mango-Chutney

50 g Mango

1 Frühlingszwiebel

Saft von ½ Limette

1 TL gehackte rote Chili

Wenn die Linsen gar sind, den Spinat unterheben und etwa 1 Minute zusammenfallen lassen; jedoch nicht zu lange kochen, da er sonst schleimig werden kann. Die Mandelmilch und den Koriander einrühren.

Das Dal mit etwas Zitronensaft abschmecken und mit dem gerösteten Blumenkohl anrichten; dazu das Mango-Chutney reichen.

Shakshuka

Für 2 Portionen

2 kleine Zwiebeln, fein gehackt

1 TL gemahlene Kurkuma

1 TL gemahlener Ingwer

1 TL gemahlener Kreuzkümmel

1 TL gemahlene Koriandersamen

1 Prise Chiliflocken

½ rote Chili, fein gehackt, nach Belieben

schwarzer Pfeffer aus der Mühle

400 g Kirschtomaten aus der Dose

1 2 cm langes Stück frischer Ingwer

200 g Spinatblätter

2 mittelgroße Eier

1 kleine Handvoll Koriander, gehackt

An Nicht-Fastentagen können Sie die Zwiebeln natürlich in Olivenöl glasig dünsten – doch an diesen speziellen Tagen sind kleine Opfer nötig. An diesem herzhaften Gericht sind zahlreiche Gewürze beteiligt, die auch an den mageren Tagen für reichlich Gaumenkitzel sorgen. Sie liefern so viele leckere Aromen, dass man gar nicht bemerkt, mit wie wenigen Kalorien man auskommt.

Alternativ können Sie auch auf eine Portion Tomatensauce von Seite 21 zurückgreifen. Geben Sie gleich die Gewürze und die Chili hinzu, lassen Sie die Sauce 10–15 Minuten köcheln, und folgen Sie dann dem Rezept mit dem Schritt, in dem Sie den Ingwer hinzufügen (Zwiebeln und Dosentomaten entfallen, wenn Sie die Tomatensauce verwenden).

In einem Topf die gehackten Zwiebeln in etwas Wasser und ein bisschen Saft der gehackten Tomaten bei mittlerer Hitze etwa 5 Minuten weich und glasig schmoren. Die Gewürze und nach Belieben die gehackte Chili dazugeben, salzen und pfeffern. Unter Rühren behutsam 30 Sekunden dünsten, jedoch die Gewürze nicht verbrennen lassen.

Die Temperatur auf mittlere bis hohe Stufe erhöhen, die gehackten Tomaten aus der Dose hinzufügen; eventuell größere Stücke mit einem Holzlöffel zerkleinern. Kocht die Mischung auf, die Temperatur reduzieren und 20–25 Minuten zu einer dicken Masse einköcheln lassen. (An Nicht-Fastentagen können Sie auch einen großzügigen Klecks Tomatenmark einrühren.) Die Sauce soll schön dick und ohne Flüssigkeitsansammlungen an der Oberfläche sein.

Hat die Sauce fast (aber noch nicht ganz) die gewünschte dicke Konsistenz erreicht, den Ingwer hineinreiben (ich reibe ihn immer erst im letzten Moment, damit er seine Schärfe möglichst nicht verliert). Dann den Spinat unterheben. Da es eine ganze Menge Spinat ist, müssen Sie ihn wohl portionsweise hinzufügen; sobald eine Ladung zusammengefallen ist, die nächste hinzugeben.

Zwei Mulden in der Sauce formen und je ein Ei hineinschlagen. Den Topf zudecken und die Eier etwa 10 Minuten garen lassen – je nachdem, wie fest Sie sie mögen. Zwischendurch die Sauce umrühren, damit sie nicht anbrennt – mit etwas Geschick erwischen Sie auch die Sauce unter den Eiern.

Das Gericht in Essschalen oder tiefe Teller verteilen und mit dem gehackten Koriander bestreuen. (An Nicht-Fastentagen können Sie auch etwas zerbröselten Feta darübergeben.)

Cannellinibohnen-Eintopf mit Chorizo

Für 2 Portionen

12 g Chorizo, gehäutet, gehackt

1 kleine rote Zwiebel, gehackt

1 Knoblauchzehe, gehackt

230 g Cannellini-bohnen aus der Dose (Abtropf-gewicht)

400 g gehackte Dosentomaten

Salz, schwarzer Pfeffer aus der Mühle

1 TL Apfelessig

1 EL gehackte glattblättrige Petersilie zum Garnieren

1 TL abgeriebene Zitronenschale zum Garnieren

Wenn Sie noch etwas Tomatensauce (Seite 21) im Tiefkühler haben, können Sie sie hier verarbeiten. Einfach eine Portion auftauen, die gehackte Chorizo einige Minuten braten, dann die Sauce und die Bohnen dazugeben und weiter nach dem Rezept verfahren (Zwiebel, Knoblauch und gehackte Tomaten erübrigen sich dann). Der Eintopf lässt sich hervorragend einfrieren – jedoch nicht, wenn Sie ihn mit aufgetauter Toma-tensauce zubereiten. Auftauen und gründlich durchhitzen. Nicht-Fastende bekommen dazu Krustenbrot.

Die gehackte Chorizo in einem Topf bei niedriger Hitze etwa 2 Minuten schmoren, bis das Fett ausgebraten ist. Zwiebel und Knoblauchzehe dazugeben und im pikanten Fett 5 Minuten mitschmoren.

Sobald Zwiebel und Knoblauch etwas angebräunt sind, die Bohnen dazugeben und etwa 30 Sekunden rühren, bis sie mit dem Öl und den feinen Aromen umhüllt sind.

Die gehackten Tomaten aus der Dose hinzufügen und 20–25 Mi-nuten leise köcheln lassen, bis die Bohnen weich sind und die Sauce eingedickt ist.

Mit Salz, Pfeffer und Essig abschmecken. Noch einige Minuten köcheln lassen, dann mit der gehackten Petersilie und der abge-riebenen Zitronenschale garnieren.

Kräuteromelett mit grünem Spargel und Feta

Für 1 Portion

120 g grüner Spargel, geputzt

einige Spritzer Limettensaft und abgeriebene Limettenschale

2 mittelgroße Eier

einige Zweige frischer Thymian

schwarzer Pfeffer aus der Mühle

wenig Kokosöl

10 g Feta, zerbröselt

einige Blätter frisches Basilikum und Minze, gehackt, zum Servieren

Für dieses Omelett brauchen Sie eine hochwertige beschichtete Pfanne mit Deckel – nur so kommt man mit wenig Fett aus. Die Fetamenge scheint sehr gering zu sein, doch mit seinem intensiven, salzigen Aroma schafft er ein willkommenes Gegengewicht zu den Eiern und dem frischen Spargel. Verzichten Sie nicht auf die Limettenschale am Schluss – dieser Frischekick erfreut die Geschmacksknospen ganz besonders.

Den Spargel mit einem Schuss Wasser in eine Pfanne geben und zugedeckt etwa 10 Minuten garen; zwischendurch immer wieder die Pfanne schwenken. Ist der Spargel recht weich, den Deckel abnehmen und das Wasser verdampfen lassen. Einige Spritzer Limettensaft dazugeben, schwenken und den Spargel herausnehmen.

In der Zwischenzeit die Eier mit Thymian und Pfeffer verrühren.

Die leere Pfanne vom Herd nehmen, mit Küchenpapier auswischen und hauchdünn mit Kokosöl fetten. Zurück auf den Herd stellen. Sobald das Öl geschmolzen ist, die gründlich verrührte Eiermischung in die Pfanne geben und schwenken, sodass der Pfannenboden damit bedeckt ist. Mit einem Spatel die Schicht aufbrechen, sodass die noch ungekochte Masse nachfließen kann. Erscheint das Omelett so gut wie gar – aber keinesfalls zu trocken werden lassen! –, den Spargel auf eine Hälfte geben, darauf den Feta, das Basilikum und die Minze verteilen. Die andere Seite des Omeletts darüberklappen und so die Füllung bedecken. Alles noch 1 Minute durch erwärmen.

Etwas Limettenschale darüberreiben und nach Belieben noch mit einigen Spritzern Limettensaft beträufeln. Das Omelett aus der Pfanne auf einen Teller gleiten lassen und servieren.

Süß glasierte Lachswürfel

Für 2 Portionen

160 g Lachsfilet
ohne Haut,
2 cm groß
gewürfelt

Für die Glasur

1 ½ EL Tamari

1 TL Honig

1 grüne oder rote
Chili

1 Knoblauchzehe

15 g Ingwer am
Stück

2 Frühlings-
zwiebeln, gehackt

Für den Salat

1 kleine Gurke

2 große Radieschen

Intensive Aromen machen dieses Fastentagsgericht zum Genuss. Jeder Bissen ist eine köstliche Kombination aus Süß und
Scharf – der knackige Salat schafft einen frischen Ausgleich.
Nicht-Fastende bekommen dazu gekochten Reis. Sie können
den Lachs in der Marinade auch portionsweise einfrieren –
dann vor dem Gebrauch langsam im Kühlschrank auftauen
lassen und wie im Rezept beschrieben fortfahren.

Die Zutaten für die Glasur (ausgenommen die Frühlingszwiebeln)
im Blitzhacker fein zerkleinern; 1 Schuss Wasser hinzufügen, damit
die gewünschte Konsistenz entsteht und sich der Honig auflöst.

Die Lachswürfel in einer flachen Schüssel mit der Glasur über-
gießen und die gehackten Frühlingszwiebeln unterheben.
Mindestens 10 Minuten oder über Nacht durchziehen lassen.

Eine beschichtete Pfanne (mit Deckel) bei mittlerer bis hoher
Temperatur erhitzen – jedoch nicht zu heiß werden lassen, damit
der Lachs, der darin ohne Fett gegart wird, nicht am Pfannenboden anbrennt. Den Lachs samt Marinade in die Pfanne geben und
diese mit dem Deckel verschließen. Den Fisch etwa 8 Minuten
unter gelegentlichem behutsamem Wenden garen. Die Marinade
dickt in dieser Zeit sirupartig ein. Ist der Fisch gar, den Deckel
abnehmen und die Sauce blubbernd etwas eindampfen lassen;
die Kanten der Fischwürfel werden leicht knusprig.

In der Zwischenzeit für den Salat die Gurke mit dem Gemüse- oder
Sparschäler in hauchdünne lange Streifen schneiden; den Teil in
der Mitte mit den Samen wegwerfen. Auch die Radieschen in
hauchdünne Scheiben schneiden. Das Gemüse auf Teller verteilen.

Darauf den Lachs anrichten und mit der klebrigen, aromatischen
Sauce aus der Pfanne beträufeln.

Fischfilet aus dem Ofen
mit Mandel-Kräuter-Zitronenkruste und Fenchel-Clementinen-Salat

Für 2 Portionen

2 Kabeljaufilets à 125 g, ohne Haut und Gräten, aus nachhaltiger Fischerei (alternativ Schellfisch oder Seeteufel)

Saft von ½ und abgeriebene Schale von 1 Zitrone

35 g Mandeln, fein gehackt

2 TL Olivenöl

2 EL gehackte glattblättrige Petersilie

Salz, schwarzer Pfeffer aus der Mühle

Für den Salat

1 kleine Fenchelknolle

1 Clementine

Die Mandeln geben der Kruste einen knackigen Biss, und der Fenchel-Clementinen-Salat ist eine herrlich erfrischende, leichte Beilage – insgesamt eine tolle Kombination unterschiedlicher Konsistenzen. Statt des Kabeljaus können Sie auch Schellfisch oder Seeteufel wählen – passen Sie nur die Mengen an, und achten Sie darauf, dass die Kalorienanzahl unter dem Strich stimmt. Ein Kabeljaufilet ohne Haut und Gräten von 125 g hat etwa 90 kcal.

Den Ofen auf 180 Grad vorheizen.

Ein Backblech mit Alufolie belegen und die Fischfilets darauflegen. In einer kleinen Schüssel den Zitronensaft, die abgeriebene Zitronenschale, Mandeln, Olivenöl und Petersilie verrühren, salzen und pfeffern. Die Mischung auf die Filets geben und festdrücken. Im vorgeheizten Ofen 15 Minuten backen, bis der Fisch durchgegart ist.

In der Zwischenzeit den Fenchel einschließlich des Grüns fein schneiden. Die Clementine schälen, in Segmente teilen und in keine Stücke schneiden; den austretenden Saft auffangen. Fenchel und Clementine mischen.

Den Fisch mit dem knackigen, frischen Salat servieren und mit dem Saft des Salats beträufeln.

Rindfleisch-Linsen-Chili

Für 8 Portionen

2 EL Olivenöl

1 große Karotte, fein gehackt

1 große Zwiebel, fein gehackt

500 g fettarmes Rinderhackfleisch (ca. 5 % Fett)

1 rote Paprika, entkernt, fein gehackt

Salz, schwarzer Pfeffer aus der Mühle

1 TL Chiliflocken

1 TL gemahlener Koriander

1 TL gemahlener Kreuzkümmel

1 TL frisch geriebener Ingwer

400 g gehackte Dosentomaten

250 g getrocknete Linsen (gut eignen sich grüne Linsen, da sie die Form behalten)

reichlich frischer Koriander zum Servieren

Limettensaft zum Servieren

Erstaunlicherweise hat fettreduziertes Rinderhackfleisch (5 Prozent Fett) genau so viele Kalorien wie Putenfleisch mit einem Fettgehalt von 2 Prozent Fett – Sie können also beides gegeneinander austauschen. Verzichten Sie an den Fastentagen auf Sauerrahm und Guacamole, und peppen Sie das Chili stattdessen mit viel Koriander und Limettensaft auf. Das folgende Rezept basiert auf einer 500-Gramm-Standardpackung fettarmem Rinderhack, die einen ganzen großen Topf voll ergibt – Sie können das Chili perfekt portionieren und einfrieren. Dann langsam auftauen lassen und vor dem Verzehr gut durch erhitzen. Linsen machen die Reisbeilage überflüssig, doch an hungrigen Nicht-Fastentagen oder wenn Ihre Familie mitisst, können Sie Vollkornreis dazu reichen.

Das Öl in einem großen, tiefen Topf bei mittlerer Temperatur erhitzen und darin die Karotte und die Zwiebel etwa 10 Minuten weich dünsten.

Das Hackfleisch und die Paprika hinzufügen und unter Rühren etwa 10 Minuten mitgaren, bis das Fleisch leicht gebräunt und knusprig und die Paprika weich ist.

Salzen, pfeffern, die Gewürze und den Ingwer einrühren und etwa 30 Sekunden mitkochen. Dann die gehackten Tomaten, die Linsen und 400 ml Wasser dazugeben. Aufkochen und anschließend bei reduzierter Hitze etwa 30 Minuten köcheln lassen, bis die Linsen weich sind und die Flüssigkeit eingekocht ist. Ist noch zu viel Flüssigkeit enthalten, die Herdtemperatur erhöhen und das Chili einige Minuten einkochen lassen.

Mit reichlich gehacktem Koriander und einigen großzügigen Spritzern Limettensaft abgeschmeckt servieren.

Tortillapizzas mit Zucchini, Pilzen und Dörrtomaten

Für 2 Pizzas

½ EL Olivenöl (oder Öl der sonnengetrockneten Tomaten)

1 Zucchini, in dünne Scheiben geschnitten

1 Prise Chiliflocken, nach Belieben

1 TL getrocknete oder frische Rosmarinnadeln

½ Rezeptmenge Tomatensauce (Seite 21); die Sauce sollte eine dicke Konsistenz haben, falls sie zu dünn erscheint, im Topf etwas einkochen lassen

2 große glutenfreie Wraps

80 g Pilze, in Scheiben geschnitten

15 g sonnengetrocknete Tomaten in Öl (ca. 4 Stück), abgetropft

40 g Feta

12 Basilikumblätter, grob zerzupft

Die Böden dieser Pizzas bestehen aus glutenfreien Wraps, die je etwa 100 kcal besitzen. Es muss aber kein glutenfreies Produkt sein, jeder andere Wrap funktioniert ebenso. Bestreichen Sie die Wraps mit Tomatensauce und belegen Sie sie ganz nach Belieben. Es gibt nur zwei Regeln: 1. Nicht zu viel Sauce verwenden, da der Boden sonst durchweicht. 2. Den Belag nicht zu dick aufschichten, da die Zutaten sonst nicht richtig durchgaren und den Boden ebenfalls durchweichen.

Wer Kalorien sparen möchte, verzichtet auf die Zucchini (und das damit verbundene Öl) – Pilze und sonnengetrocknete Tomaten reichen als köstlicher Belag. So sparen Sie 40 kcal. Wer den Feta weglässt, spart zusätzliche 55 kcal.

Den Ofen auf 180 Grad vorheizen. Zwei Backbleche im Ofen mit vorheizen.

Das Öl in einer Pfanne erhitzen und darin die Zucchinischeiben zusammen mit dem Chili, nach Belieben, und dem Rosmarin 5–10 Minuten hellbraun braten.

Die Bleche aus dem Ofen nehmen und auf jedes einen Tortilla-Wrap legen. Die Wraps mit jeweils der Hälfte der Tomatensauce bestreichen; dabei rundum einen Rand frei lassen.

Die Pizzas mit der frittierten Zucchini, den in Scheiben geschnittenen Pilzen und den in feine Streifen geschnittenen sonnengetrockneten Tomaten belegen. Mit dem zerbröselten Feta bestreuen und das Basilikum darauf verteilen. 10 Minuten im vorgeheizten Ofen backen, bis Pilze und Sauce gar und die Ränder der Böden leicht gebräunt und knusprig sind. Die heißen Backbleche sorgen dafür, dass die Böden von unten schön knusprig werden.

Bunter Quinoasalat mit Kürbis

Für 2 Portionen

300 g geschälter, gewürfelter Butternut-Kürbis

1 EL Olivenöl

1 EL Sumach

Salz, schwarzer Pfeffer aus der Mühle

60 g weißes oder rotes Quinoa

1 Handvoll Minzeblätter

1 Handvoll Korianderblätter

10 Pistazienkerne

50 g Granatapfelkerne

2 EL getrocknete Cranberrys

½ kleine rote Chili, entkernt, gehackt

abgeriebene Schale von 1 Orange

Für das Dressing

Saft von 1 Orange (etwa 4 EL)

1 TL grobkörniger Senf

Ein leuchtend bunter Salat wie dieser ist an Fastentagen einfach unschlagbar! Man kann ihn warm verzehren oder im Voraus zubereiten und im Kühlschrank bis zu einem Tag aufbewahren. Die Portion ist großzügig berechnet. Wenn Sie Ihre Kalorien gleichmäßig über den Tag verteilen möchten, halbieren Sie eine Portion und erhalten so zwei Mahlzeiten. Sie können den Salat über Nacht in den Kühlschrank stellen und ihn am nächsten Tag als Mittagessen verzehren.

Den Ofen auf 180 Grad vorheizen.

Die Kürbiswürfel auf einem Backblech verteilen, mit dem Olivenöl beträufeln und vermischen. Mit dem Sumach bestreuen, salzen und pfeffern. Im vorgeheizten Ofen 35–40 Minuten schmoren, bis er weich und leicht karamellisiert ist. Dabei immer wieder mal wenden, sodass er gleichmäßig gart. Aus dem Ofen nehmen und etwas abkühlen lassen.

Wenn der Kürbis etwa 10 Minuten im Ofen ist, das Quinoa in einem Topf mit 250 ml kaltem Wasser bei hoher Temperatur zum Kochen bringen und anschließend bei mittlerer Hitze zugedeckt 15–20 Minuten weich und fluffig kochen. Aufpassen, dass es nicht austrocknet. Abgießen und beiseitestellen.

Die Kräuter und Pistazien grob hacken. In einer großen Schüssel das gegarte Quinoa mit dem geschmorten Kürbis, Kräutern, Granatapfelkernen, Cranberrys, Pistazien und Chili vermengen.

Die Zutaten zum Dressing verrühren, über den Salat geben und gründlich mischen. Vor dem Servieren mit der abgeriebenen Orangenschale bestreuen.

Schweinefleisch-Quinoa-Burger

Für 8 Stück
(1−2 Burger pro
Portion)

70 g gemischtes
rotes und weißes
Quinoa

500 g fett-
reduziertes
Schweine-
hackfleisch
(ca. 5 % Fett)

3 cm langes Stück
Ingwer, gerieben

3 Frühlings-
zwiebeln, fein
gehackt

½ TL geräuchertes
Paprikapulver

1½ TL Harissa

1 EL Tamari

Saft von ½ Limette

schwarzer Pfeffer
aus der Mühle

+40

*Für die Zucchini-
chips*

4 Zucchini, in
Spalten geschnitten

Salz, schwarzer
Pfeffer aus der
Mühle

Unglaublich, wie kalorienarm diese Burger sind. Sie schmecken wie ganz gewöhnliche Burger, haben aber weniger als die Hälfte der Kalorien und fast kein Fett. Die Quinoa-Fleisch-Kombination sorgt für ein Maximum an Eiweiß, was ein zuverlässiges Sättigungsgefühl bewirkt.

An Nicht-Fastentagen (oder für die mitessende Familie) packt man die Burger zwischen zwei Brötchenhälften anstelle eines Salatblatts – wobei man im Salatblatt all die köstlichen Aromen noch viel intensiver auf der Zunge hat als mit der Brötchen-variante. Mayonnaise ist ein perfektes Topping. Bevor Sie die Burger im Ofen überbacken, können Sie sie auch mit einem Esslöffel gehobeltem Parmesan bestreuen – das macht sie extra knusprig.

Die fertig geformten Burger lassen sich wunderbar einfrieren, zuerst nebeneinander auf einem Tablett, anschließend in einen Gefrierbeutel packen. Vor der Verwendung vollständig auftauen lassen und wie beschrieben im Ofen garen.

Das Quinoa in einem Topf mit 375 ml kaltem Wasser bei hoher Temperatur zum Kochen bringen, anschließend bei mittlerer bis niedriger Hitze zugedeckt 15 Minuten weich und fluffig garen. Achten Sie darauf, dass es nicht austrocknet.

In der Zwischenzeit das Hackfleisch in einer großen Schüssel mit Ingwer, Frühlingszwiebeln, Paprikapulver, Harissa, Tamari, Limettensaft und Pfeffer verkneten.

Den Ofen auf 190 Grad vorheizen. Ein Blech mit Backpapier belegen.

Das fertig gegarte Quinoa abgießen, unter fließendem kaltem Wasser abschrecken und abtropfen lassen. Dann gründlich mit der Hackfleischmischung verkneten und mit angefeuchteten Hän-

Für die Tomaten-salsa

4 kleine Tomaten, gewürfelt

2 Frühlingszwie-beln, in Ringe geschnitten

Salz, schwarzer Pfeffer aus der Mühle

8 große Salatblät-ter

den zu acht gleich großen Burgern formen. Diese auf das vorbereitete Blech legen und im vorgeheizten Ofen 40 Minuten garen. Sie müssen vollständig durchgegart sein.

Inzwischen die Zucchinispalten auf einem separaten Blech verteilen, salzen, pfeffern und im Ofen zusammen mit den Burgern während der letzten 35 Minuten mitschmoren. Die Zucchini sollten durchgegart und leicht gebräunt sein. Knusprig werden sie allerdings nicht.

Für die Salsa die Tomaten und die Frühlingszwiebeln mischen, salzen und pfeffern.

Die Burger auf je ein Salatblatt setzen, dazu Zucchinichips und die Salsa reichen.

Snacks & Süßes

Snacks und Süßes können einen Fastentag komplett aus den Angeln heben. Doch wenn Sie tatsächlich unter Heißhungerattacken leiden, sollten Sie besser einen Plan haben, anstatt darauf zu warten, dass der Heißhunger von allein verfliegt. In diesem Kapitel finden Sie kalorienarme Rezepte, die Ihnen in diesen harten Momenten helfen. Auch mit Tee oder Kaffee kann man sich über einen »Hungerast« retten – denken Sie nur an die Extrakalorien, die in der Milch stecken. Kräuter- oder Pfefferminztee sind eine gute Sache; eine Zitronenscheibe sorgt für zusätzlichen Pep. Auch Roggenbrotscheiben, Säfte, Smoothies, Frittataküchlein und der Wassermelonen-Crush aus dem Frühstückskapitel (Seite 27–53) können sehr hilfreich sein. Sollte Ihr Kalorienbudget allerdings aufgebraucht sein, bereiten Sie köstliches Aromawasser (Seite 149) zu – mit Sprudelwasser ist es noch spritziger.

Kokoswasser-Eis

Für 14 Eiswürfel

210 ml Kokos-
wasser

Pro Würfel

3 rote Johannis-
beeren oder
1 kleine Himbeere
oder 2 Blaubeeren

Dies ist keine Mahlzeit, sondern eine tolle Erfrischung zwischendurch, wenn das Fasten mühsam wird. Sie können natürlich auch jedes andere Obst verwenden. Kleine Erdbeeren eignen sich prima, ebenso frische gehackte Aprikosen oder Mango – es sollten aber nur kleine Fruchtstückchen sein, die auch wirklich mundgerecht sind. Ich mag das Herbe der Johannisbeeren: In Verbindung mit dem süßlichen Kokoswasser geben Sie einem das Gefühl, etwas wirklich Substanzielles gegessen zu haben.

Das Kokoswasser in einen Eiswürfelbehälter füllen (etwa 1 EL pro Würfel). Auf jeden Würfel 3 Johannisbeeren, 1 kleine Himbeere oder Erdbeere oder 2 Blaubeeren geben. Sie können das Obst auch mischen, aber übertreiben Sie es nicht … Dann im Tiefkühler fest werden lassen.

Zucchinipuffer

Für 12 Stück

2 Eier, verklopft

40 g Vollkorn-Dinkelmehl

Salz, schwarzer Pfeffer aus der Mühle

1 TL Chiliflocken

1 Zucchini, gerieben

1 TL Kokos- oder Olivenöl

1 Spritzer Zitronensaft

Diese Puffer sind superschnell und größtenteils aus Vorratszutaten zuzubereiten. Am besten schmecken sie heiß aus der Pfanne, aber man kann sie auch kalt als Snack genießen oder für unterwegs mitnehmen.

Die Eier und das Mehl in einer Schüssel zu einem Teig verrühren. Mit 1 EL Wasser verflüssigen, mit Salz, Pfeffer und Chiliflocken würzen. Die geriebene Zucchini darunterheben.

Eine beschichtete Pfanne bei mittlerer Temperatur erhitzen. Kokos- oder Olivenöl hineingeben, sodass der Pfannenboden sehr dünn gefettet ist.

Den Zucchiniteig in esslöffelgroßen Portionen in die Pfanne geben und von jeder Seite 4–5 Minuten hellbraun braten. Innen sollten sie durchgegart sein. Mit dem restlichen Öl und dem übrigen Teig ebenso verfahren. Je nach Pfannengröße kann man etwa vier Puffer gleichzeitig braten.

Die Puffer mit einigen Spritzern Zitronensaft beträufelt servieren.

Zum Einfrieren die Puffer vollständig abkühlen lassen, dann einzeln in Backpapier wickeln, in einen luftdicht verschließbaren Behälter füllen und in den Tiefkühler geben. Am Vorabend aus dem Tiefkühler nehmen, im Kühlschrank auftauen lassen und im auf 180 Grad vorgeheizten Ofen etwa 10 Minuten erhitzen.

Popcorn, viermal anders

**Genug für
6 Snack-Portionen**

60 g Popcorn-Mais

Fertig gekauftes Popcorn trieft oft vor Fett, wurde mit Unmengen von Zucker gesüßt und mit einer Extraportion Butter »verfeinert« – nicht gerade das Richtige für einen Fastentag. Der gepuffte Mais an sich ist allerdings ein guter Snack. Er besitzt viele Ballaststoffe und gesunde Antioxidanzien. Nach der folgenden Methode können Sie Popcorn ohne Öl zubereiten; auf der gegenüberliegenden Seite finden Sie Vorschläge für Toppings, die Ihre Diät nicht aus den Angeln heben. Das Popcorn-Basis-Rezept schlägt mit nur 25 kcal pro Portion zu Buche.

In einem luftdicht verschlossenen Behälter hält sich das Popcorn einige Tage frisch. Sie können also eine größere Menge zubereiten und portionsweise in Snack-Beutel füllen.

Den Popcorn-Mais in einen großen, schweren Topf mit Deckel geben. Der Mais sollte den Boden in einer gleichmäßigen, ebenen Schicht bedecken. Bei mittlerer Temperatur zugedeckt etwa 5 Minuten erhitzen. Sobald die ersten Maiskörner gegen den Deckel poppen, schwenken Sie den Inhalt im Topf immer wieder kräftig durch. Lässt das Poppen nach und ist nur noch in Abständen von ein paar Sekunden zu hören, nehmen Sie den Topf vom Herd. Das Popcorn in eine Schüssel geben und abkühlen lassen. Sie können es heiß oder kalt verzehren, aber wenn Sie es verpacken möchten, muss es vollständig abgekühlt sein – sonst wird es weich und feucht.

Verzehren Sie das Popcorn ungewürzt oder nur mit etwas Salz (und Pfeffer, wer mag) bestreut – oder wählen Sie eines der folgenden Toppings. An Fastentagen helfen intensive Aromen, Heißhungerattacken zu überstehen.

* Diese Kalorienangabe bezieht sich auf Popcorn ohne weitere Zutaten oder nur gesalzenes Popcorn.

Wasabisalz

1 EL Wasabipulver mit 1 TL Salz vermischen und damit das Popcorn bestreuen.

Popcorn mit Schokodeko

40 g zerkleinerte Zartbitterschokolade in der Mikrowelle oder im Wasserbad schmelzen (nicht zu heiß werden lassen!).
1 TL Chiliflocken nach Belieben einrühren und die flüssige Schoko-masse über das Popcorn träufeln.

Popcorn auf italienische Art

3 EL geriebenen Parmesan mit 1 EL italienischen Kräutern (getrocknete Mischung aus dem Glas ist am einfachsten, Sie können aber auch gehackte frische Kräuter verwenden) und etwas schwarzem Pfeffer vermischen. Damit das Popcorn be-streuen.

Zimt und Zucker

Wenn es unbedingt etwas Süßes sein muss, vermischen Sie 2 EL Zucker mit 1 EL Zimt und bestreuen damit das Popcorn. Der Zimt hilft, den Blutzuckerspiegel ausgeglichen zu halten

Geschmorte Radieschen mit Blauschimmelkäse-Dip

Für 2 Portionen

80 g Radieschen (ca. 10 Stück), schön in unterschiedlichen Farben, aber gewöhnliche rote sind auch hübsch

½ EL Olivenöl

Salz, schwarzer Pfeffer aus der Mühle

Für den Blauschimmelkäse-Dip

1 EL fettarmer weißer Joghurt

15 g Blauschimmelkäse (z.B. Stilton), zerbröselt

1 TL Apfelessig

Haben Sie schon mal geschmorte Radieschen gegessen? Sie schmecken ganz anders als die rohen, verlieren ihre Schärfe und bekommen ein erdiges, süßliches Aroma. Warm sind sie ein Genuss, aber auch kalt schmecken sie prima und eignen sich gut zum Mitnehmen als Snack zwischendurch. Auch der Dip ist unglaublich lecker. Käse! An einem Fastentag?!! Mit Gurke oder Sellerie lässt sich der Dip noch aufpeppen. Die Radieschen liegen allein unter 40 kcal pro Portion – gut zu wissen, falls Ihr Kalorienbudget schon am Limit ist und Sie auf den Käse verzichten müssen, was allerdings schade wäre.

Den Ofen auf 200 Grad vorheizen.

Die Radieschen im Öl wenden und auf einem Backblech verteilen. Salzen, pfeffern und etwa 20 Minuten im vorgeheizten Ofen schmoren; dabei das Backblech zwischendurch schwenken, sodass sie von allen Seiten gleichmäßig bräunen. Auf Fingerdruck sollten sie sich weich anfühlen, aber in der Mitte noch fest sein.

In der Zwischenzeit für den Dip alle Zutaten mit einer Gabel in einer Schüssel zu einer weichen, cremigen Masse vermengen. Ist die Masse zu fest, geben Sie noch etwas Wasser dazu.

Erdnussbutter-Bananen-Kirsch-Milchshake

Für 2 kleine Gläser

½ Banane, zerkleinert (am besten gefroren)

5 gefrorene Kirschen

250 ml ungesüßte Mandelmilch

1 EL Erdnussbutter oder Mandelbutter (Mandelmus)

Okay, ich habe ein bisschen ein schlechtes Gewissen, dieses Rezept, das eigentlich gar keines ist, in diesem Buch zu bringen, aber Erdnussbutter ist einfach viel zu oft meine letzte Rettung, wenn mich am Nachmittag der Heißhunger überfällt. Sie steckt voller Eiweiß und schmeckt ziemlich süß, ohne dass sie Zucker enthält. Und schließlich kann ich Ihnen ja nicht verordnen, sie einfach aus dem Glas zu löffeln ...

Die Banane und die Kirschen zusammen mit der Mandelmilch im Mixer pürieren; dann die Erdnussbutter hinzufügen und nochmals kurz durchmixen.

Wärmende Nussmilch mit Kurkuma und Ingwer

Für 1 Portion

250 ml ungesüßte Mandelmilch

½ TL gemahlene Kurkuma

¼ TL gemahlener Zimt

¼ TL gemahlener Ingwer

½ TL Honig

Kurkumamilch liegt absolut im Trend – man sieht sie überall. Kurkuma werden unterschiedlichste Heilwirkungen zugeschrieben, und ihr leuchtendes Gelb ist an einem langweiligen, trägen Nachmittag ein echter Lichtblick. An Fastentagen brauchen wir einen intensiven Geschmack mit wenig Kalorien – dieser Drink strotzt nur so vor Aroma!

Die Mandelmilch in einem kleinen Topf mit Kurkuma, Zimt und Ingwer unter gelegentlichem Rühren langsam erwärmen, aber nicht aufwallen lassen.

Die Kurkumamilch in einen Becher füllen und den Honig einrühren.

Gegrillter Pfirsich
mit Serrano-Schinken

Für 2 Portionen

1 reifer, saftiger
Pfirsich, geachtelt

2 Scheiben
Serrano-Schinken

einige Thymian-
blätter

Rohschinken scheint mit seinem salzigen, köstlichen Aroma viel zu extravagant für einen Fastentag – eigentlich viel zu schön, um wahr zu sein! In Kombination mit einem gegrillten Pfirsich ist er der ideale (Strand-)Snack; man sieht förmlich Sonne und Meer vor sich und nicht die öde Tabellenübersicht. Wenn Sie den Pfirsich nicht grillen möchten, essen Sie ihn roh. In jedem Fall muss er reif und saftig sein!

Den Backofengrill auf hoher Stufe vorheizen. Die Pfirsichspalten auf einem mit Alufolie belegten Blech verteilen und im vorgeheizten Ofen 5 Minuten grillen, bis sie zu bräunen beginnen. Durch das Grillen werden sie noch süßer – falls das überhaupt möglich ist.

Den Schinken zerzupfen, auf dem warmen Pfirsich verteilen und mit den Thymianblättern bestreuen. Alternativ abkühlen lassen, in die Lunchbox packen und mit zur Arbeit nehmen.

Apfelchips mit Zimt

Für 1 Portion

1 mittelgroßer Apfel, in dünne Scheiben geschnitten

2 TL gemahlener Zimt

Diese Chips sind zwar nicht ganz dasselbe wie das fertig ge-kaufte Knabberzeug, aber sie überbrücken das nachmittägliche Hungerloch ausgezeichnet. Nehmen Sie eine große Tüte davon mit zur Arbeit – und der Nachmittag wird im Nu verfliegen.

Den Ofen auf 150 Grad vorheizen (keine Umluft, sonst werden die Chips davongeweht).

Die Apfelscheiben im Zimt wälzen und auf einem Bachblech verteilen.

Im vorgeheizten Ofen 30 Minuten backen; nach der Hälfte der Zeit wenden. Am Ende der Schmorzeit müssen die Scheiben trocken, leicht gebräunt und an den Kanten etwas knusprig sein. Natürlich sind sie nicht so knackig wie Kartoffelchips – aber trotzdem absolut lecker.

Bananen-Kardamom-Eis

Für 6 Portionen

5 mittelgroße
reife Bananen
(insgesamt 550 g),
in Scheiben
geschnitten,
gefroren

1 EL Mandelbutter
(Mandelmus)

½ TL frisch
gemahlene
Kardamomsamen

Kaum zu glauben, dass dieses Eis praktisch nur aus Bananen besteht! Beim Einfrieren von Bananen scheint etwas Magisches zu passieren – sie werden noch süßer und wachsen geradezu über sich hinaus. Im Basisrezept kommen dafür ausschließlich Bananen zum Einsatz, doch nachdem ich im Urlaub einmal Bananen-Kardamom-Eis probiert hatte, kam ich auf diese interessante Kombination. Wer Kardamom nicht mag, lässt ihn einfach weg. Auch auf die Mandelbutter kann man verzichten und so die Kalorienzahl auf 85 pro Portion senken. Oder man ersetzt die Mandelbutter durch 2 EL reines Kakaopulver (4 Kalorien pro Portion) – so entsteht ein herrlich schokoladiges Eis. Und wer sich einen besonderen Luxus gönnen will, der kombiniert Mandelbutter und Kakao. Experimentieren Sie, und finden Sie Ihre Lieblingskombination!

Die gefrorenen Bananenscheiben in einem leistungsstarken Mixer pürieren, bis sie schön cremig sind – das dauert ein paar Minuten, am besten durch mehrmaliges Pulsen. Wundern Sie sich nicht, wenn sich anfangs noch nichts tut, irgendwann brechen die gefrorenen Scheiben schon auf. Wenn die Masse schön cremig ist, die Mandelbutter dazugeben und nochmals durchmixen. Anschließend den frisch gemahlenen Kardamom hinzufügen und erneut mixen. Fertig!

Die Masse in einen gefriertauglichen Behälter mit Deckel füllen und – Vorsicht! – nicht alles auf einmal verspeisen!

100-Kalorien-Chocolate-Chip-Cookies

Für 10 Stück

65 g Haferflocken

35 g Dinkelmehl

20 g gemahlene Mandeln

½ TL Salz

40 g Demerara-Zucker

1 kleines Ei

1 EL Ahornsirup

2 TL Vanilleextrakt

40 g Schokochips

Mit der 5:2-Diät verändert man sein Denken und seinen Lebensstil. Man achtet sehr darauf, was man isst, wann man isst und was die Nahrung mit dem Körper macht. Aber manchmal muss es einfach ein Cookie sein! Diese Version gibt dank Dinkelmehl, Haferflocken und gemahlenen Mandeln die Energie ganz langsam ab und vermeidet so ein starkes Schwanken des Blutzuckerspiegels.

Den Ofen auf 180 Grad vorheizen. Ein Blech mit Backpapier belegen.

Haferflocken, Dinkelmehl, gemahlene Mandeln, Salz und Zucker vermischen. In einer separaten Schale das Ei mit Ahornsirup und Vanilleextrakt verrühren. Die Flocken-Mehl-Mischung mit der Eimischung und den Schokochips zu einem glatten Teig verrühren.

Den Teig in kleinen Häufchen auf das vorbereitete Blech setzen und mit einem Löffelrücken leicht flach drücken. Dabei reichlich Abstand lassen, da der Teig im Ofen etwas zerläuft. 10 Minuten im vorgeheizten Ofen backen, dann kontrollieren und eventuell noch einige Minuten länger backen, falls die Cookies noch zu weich sind.

Die Cookies einige Minuten auf dem Blech abkühlen lassen und dann zum vollständigen Erkalten auf ein Kuchengitter setzen. In einem luftdicht verschlossenen Behälter bleiben sie bis zu 1 Woche frisch.

Warme gemischte Beeren
mit Joghurt und Pistazien

Für 1 Portion

40 g gemischte
Beeren
(z. B. Erdbeeren,
Johannisbeeren,
Brombeeren
und Himbeeren)

60 g Schaf- oder
Ziegenmilchjoghurt

4 Pistazienkerne,
gehackt

Wenn an einem Fastentag der Hunger zuschlägt, dann hält man stand oder wird schwach (zum Beispiel mit einem Griff in die Keksdose), und all die harte Arbeit ist mit einem Schlag (und einem Stück Kuchen) zunichte gemacht. Der Erfolg ist eng verknüpft mit guter Vorbereitung, deshalb lohnt es sich, Vorkehrungen für das nachmittägliche Hungerloch zu treffen. Hier ist die Lösung. Und mit 4 Minuten Zubereitungszeit gibt es keine Ausreden mehr! 4 Minuten ist definitiv schneller als der Weg in die nächste Bäckerei! Natürlich können Sie auch einen anderen Joghurt wählen – achten Sie nur auf die Kalorienzahl!

Die Beeren mit einem Schuss Wasser in einem kleinen Topf bei niedriger Temperatur etwa 4 Minuten erwärmen, sodass die Früchte weich werden und die Flüssigkeit am Topfboden zu einem leicht klebrigen Saft einkocht. Die Beeren sollten allerdings die Form behalten und nicht zerfallen.

Den Joghurt in eine kleine Schale geben. Darauf die warmen Beeren verteilen und mit den Pistazien bestreuen.

Pikanter Karotten-Chili-Hummus

Ergibt etwa 16 EL
(2 EL pro Portion)

150 g Karotten,
geschält, grob
zerkleinert

½ EL Olivenöl

Salz, schwarzer
Pfeffer aus der
Mühle

200 g Kichererbsen
aus der Dose,
abgespült,
abgetropft

½ EL Tahini

1 TL gemahlener
Kreuzkümmel

Saft von ½ Zitrone

2 TL Chiliflocken

Ich liebe Hummus! Hummus und Erdnussbutter. Bei einer Hungerattacke oder Langeweile ist Hummus mein Rettungsanker. Doch selbst ein leidenschaftlicher Hummus-Fan braucht manchmal Abwechslung. Deshalb finden Sie im Anschluss zwei alternative Hummus-Rezepte – köstlich und farbenfroh sind sie ein Highlight an den Fastentagen.

Dippen Sie, was immer Sie möchten! Ich mag Chicorée, mit dem man so herrlich löffeln kann. Außerdem harmoniert sein leicht bitteres Aroma perfekt mit dem sanft cremigen Geschmack des Hummus. Auch Radieschen, Gurke und Sellerie passen gut.

2 Esslöffel Hummus und etwas knackiges Gemüse sind eine gute Snackportion von etwa 50 kcal.

Ich verarbeite in diesem Rezept eine halbe Dose Kichererbsen. Sie können das Rezept natürlich auch verdoppeln und die ganze Dose verwenden – der Hummus hält sich zugedeckt im Kühlschrank gut einige Tage.

Den Ofen auf 180 Grad vorheizen.

Die Karottenstücke mit dem Öl vermischen, salzen und pfeffern. Auf einem Backblech verteilen und im vorgeheizten Ofen 20–30 Minuten weich schmoren. Etwas abkühlen lassen.

In der Zwischenzeit die Kichererbsen in einem sauberen Geschirrtuch sanft reiben, um die Schalen so gut wie möglich zu entfernen – der Hummus wird dadurch umso cremiger.

Die abgekühlten Karotten mit den restlichen Zutaten im Mixer oder Blitzhacker pürieren; falls die Masse zu fest ist, etwas Wasser dazugeben. Nach Belieben mit Salz, Pfeffer und/oder Kreuzkümmel nachwürzen.

* 1 EL hat etwa
  20 kcal.

Grüner Kräuter-Hummus

Den Hummus wie gegenüber beschrieben zubereiten, doch anstelle der geschmorten Karotten und der Chili eine kleine Handvoll frisch gehackten Koriander- und Minzeblätter verarbeiten und den Zitronensaft durch Limettensaft ersetzen. Das Öl mit den restlichen Zutaten im Mixer oder Blitzhacker mitpürieren. Abgeriebene Limettenschale gibt einen extra Aromakick. Diese Version hat etwas weniger Kalorien, etwa 18 kcal pro Esslöffel.

0-Kalorien-Power-Wasser

Ergibt 1 Liter

Wir klammern uns regelrecht an den letzten Strohhalm – aber wenn der Hunger nagt und das Kalorienbudget aufgebraucht ist, braucht man so einen. Dieses Power-Wasser besänftigt den knurrenden Magen und unterstützt Sie beim Durchhalten. Mit Sprudelwasser lässt sich das 0-Kalorien-Wasser aufpeppen.

Gurke, Ingwer und Zitrone

Die Gurke mit einem Gemüseschäler längs in dünne Streifen schneiden. Ein etwa 5 cm langes Stück Ingwer schälen und in feine Scheiben schneiden. Eine unbehandelte Biozitrone in Scheiben schneiden. Alle Zutaten in einen Krug geben und mit 1 Liter Wasser aufgießen. Im Kühlschrank kalt stellen.

Erdbeeren und Minze

Eine Handvoll Erdbeeren in dicke Scheiben schneiden. Am besten sind sie, wenn sie noch nicht ganz reif sind – dann zermatschen sie im Wasser nicht so schnell. Die Erdbeeren mit einigen Zweigen frischer Minze in einen Krug geben und mit 1 Liter Wasser aufgießen. Im Kühlschrank kalt stellen.

Minze und frische Limette

Eine unbehandelte (ungewachste) Limette in Scheiben schneiden und mit einigen Zweigen frischer Minze in einen Krug geben. Mit 1 Liter Wasser aufgießen und im Kühlschrank kalt stellen.

Grapefruit und Zitrone

Eine rosa oder weiße Grapefruit schälen und in Spalten zerteilen. Zusammen mit einigen Zitronenscheiben in einen Krug geben und mit 1 Liter Wasser aufgießen. Im Kühlschrank kalt stellen.

Vorschläge für Menüpläne

Finden Sie heraus, was für Sie am besten funktioniert. Vielleicht fällt es Ihnen leicht, das Frühstück auszulassen und bis zum Mittagessen auszuhalten. Vielleicht hält sich Ihr Hunger am besten in Grenzen, wenn Sie über den Tag verteilt zwei keine Snacks und ein größeres Abendessen zu sich nehmen. Probieren Sie es aus! Nachfolgend ein paar Anregungen dazu.

450 KCAL

Plan 1

FRÜHSTÜCK: Wassermelonen-Limetten-Crush, Seite 33

MITTAGESSEN: Grüner Spargel mit gehacktem Ei, Senf und Kapern, Seite 60

ABENDESSEN: Pikantes Blumenkohl-Dal mit frischem Mango-Chutney, Seite 104

SNACK: Popcorn mit Wasabisalz, Seite 131

Plan 2

FRÜHSTÜCK: Frühstücks-Frittata, Seite 30

MITTAGESSEN: Burrito Bowls, Seite 75

ABENDESSEN: Zucchinispaghetti mit Mandelpesto, Seite 94

SNACK: Kokoswasser-Eis, Seite 126

Plan 3

FRÜHSTÜCK: Aromawasser, Seite 149

MITTAGESSEN: Schmortomaten-Bloody-Mary-Suppe, Seite 58

ABENDESSEN: Bunter Quinoasalat mit Kürbis, Seite 118

Plan 1

FRÜHSTÜCK: Gebackene Eier nach türkischer Art, Seite 43

MITTAGESSEN: Wassermelonen-Feta-Salat, Seite 63

SNACK: Zucchinipuffer × 3, Seite 129

ABENDESSEN: Süßkartoffel-Linsen-Curry, Seite 93

SNACK: Kokoswasser-Eis, Seite 126

Plan 2

FRÜHSTÜCK: Aromawasser, Seite 149

MITTAGESSEN: Wildreissalat mit Garnelen und Mango, Seite 78

ABENDESSEN: Cannellinibohnen-Eintopf mit Chorizo, Seite 109

SNACK: Erdnussbutter-Bananen-Kirsch-Milchshake, Seite 134

Plan 3

FRÜHSTÜCK: Roggen-Vollkornschnitte: Erbsen und Zitrone, Seite 38

MITTAGESSEN: Aromatische Hühner-Nudelsuppe, Seite 66

ABENDESSEN: Schweinefleisch-Quinoa-Burger × 1 mit Zucchinichips und Tomatensalsa, Seite 120

Plan 1

FRÜHSTÜCK: Grünkohl mit Speck, Seite 48

MITTAGESSEN: Salat von Feigen und Ziegenkäse, Seite 81

ABENDESSEN: Rindfleisch-Linsen-Chili, Seite 116

SNACK: Kokoswasser-Eis, Seite 126

Plan 2

FRÜHSTÜCK: Quinoa-Porridge, Seite 50

MITTAGESSEN: Gegrillter Pfirsich mit Serrano-Schinken, Seite 137

ABENDESSEN: Shakshuka, Seite 106

SNACK: Popcorn mit Schokodeko, Seite 131

Plan 3

FRÜHSTÜCK: Wärmende Nussmilch mit Kurkuma und Ingwer, Seite 135

MITTAGESSEN: Thailändischer Rindfleischsalat, Seite 87

SNACK: Kokoswasser-Eis, Seite 126

ABENDESSEN: Sommerrollen mit Garnelen und Dip, Seite 98

SNACK: Warme gemischte Beeren mit Joghurt und Pistazien, Seite 144

Ein Hinweis zu den Kalorienangaben

Bedenken Sie, dass die exakte Kalorienzahl bei einem Produkt von Marke zu Marke unterschiedlich sein kann. Die Kalorienzahlen der in diesem Buch verwendeten Zutaten wurden sorgfältig über eine breite Produktpalette hinweg ermittelt. Doch um hundertprozentig sicher zu sein, holen Sie am besten Ihre Waage aus dem Küchenschrank und wiegen die Zutaten ganz genau ab. Kleine Mengen an Gewürzen und Kräutern sind kalorienmäßig nicht berücksichtigt; nur größere Mengen wurden berechnet. Außerdem sei an dieser Stelle erwähnt, dass ein Esslöffel mit einer Menge von 12–15 ml zu Buche schlägt.

Register

Danke!

Ein Riesendank an alle, die beim Entstehen dieses wunderschönen Buches mitgewirkt haben.

Danke an Kajal Mistry und Hardie Grant, an Danielle Wood für die zauberhaften Fotos und an Ted Allen, Millicent Hawk und Hund »Bear« für ihre Unterstützung. Dank geht auch an Nicky Barneby für das tolle Design und an Lauren Miller für die hübschen Requisiten.

Nicht zu vergessen, danke an Laura Urschel, die während der Shootings ein Fels in der Brandung und ein echter Kumpel war und dafür gesorgt hat, dass das Essen nach allem anderen, aber absolut nicht nach Diät aussieht – DANKE!!!

Danke auch an meinen Mann Andy, der sich freundlicherweise als Testesser zur Verfügung stellte und bereitwillig alle meine kulinarischen Kreationen probierte.

Und natürlich geht mein herzlicher Dank an Sie, meine lieben Leserinnen und Leser: Mögen Ihre Fastentage angefüllt mit leckersten Gerichten sein, sodass Sie nie, nie, nie wieder grimmigen Hunger leiden müssen.

Die Autorin

Laura Herring ist Kochbuchautorin, Redakteurin und Ernährungsberaterin. Sie arbeitet weltweit mit vielen bekannten Food-Autoren, Bloggern, Stylisten, Köchinnen und Köchen zusammen, darunter Sam & Sam Clark, Rachel Khoo, Madhur Jaffrey, Mary Berry, Neil Rankin und Tom Kerridge.

Als Autorin und Beraterin hat sie sich mit den unterschiedlichsten Landesküchen befasst, von der nordischen bis zur nahöstlichen, von der französischen bis zur amerikanischen, der italienischen, spanischen und englischen; auch die verschiedenen Themenbereiche wie Kuchen, Pies, Pasta, Currys, Kekse, Grillen, Räuchern, Einlegen, Fermentieren beherrscht sie alle aus dem Effeff, und in gesunder Ernährung ist sie ein Profi. Aktuell lebt Laura Herring in East London.

DIE AUTORIN

Die Originalausgabe dieses Buches ist unter dem Titel »The Fast Days Cookbook« 2017
bei Hardie Grant Books, London, erschienen. Copyright © 2017 Hardie Grant,
Text © 2017 Laura Herring, Fotografie © 2017 Danielle Wood.
Diese Ausgabe ist eine von Hardie Grant genehmigte Lizenzausgabe.

Aus dem Englischen übersetzt von Kirsten Sonntag.

© 2018
AT Verlag, Aarau und München
Fotos: Danielle Wood
Grafische Gestaltung: Nicky Barneby
Styling: Laura Urschel und Lauren Miller
Printed and bound in China

ISBN 978-3-03800-984-9

www.at-verlag.ch

Der AT Verlag, AZ Fachverlage AG, wird vom Bundesamt für Kultur
mit einem Strukturbeitrag für die Jahre 2016–2020 unterstützt.